Edizioni R.E.I.

Tutti i nostri ebook possono essere letti sui seguenti dispositivi: computer, eReader, IOS, android, blackberry, windows, tablet, cellulari.

Mantelli - Brown - Kittel - Graf

de Havilland Mosquito

ISBN 978-2-37297-3601

Edizioni R.E.I.
www.edizionirei.webnode.com
edizionirei@outlook.com

Mantelli - Brown - Kittel - Graf

de Havilland Mosquito

Edizioni R.E.I.

Indice

de Havilland DH.98 Mosquito 7

Storia 9

Tecnica 16

Rolls-Royce Merlin 24

Rolls Royce Merlin e Daimler Benz 601/605 30

Armamento 40

Impiego operativo 44

Second Tactical Air Force 59

Fleet Air Arm 61

Caratteristiche Tecniche 63

Paesi utilizzatori 64

Versioni 70

de Havilland DH.103 Hornet 85

    Caratteristiche Tecniche 88

de Havilland DH.98 Mosquito

Uno dei più straordinari velivoli da combattimento della seconda guerra mondiale fu il britannico de Havilland "Mosquito", un veloce velivolo bimotore realizzato in gran parte in legno, che si distinse come velivolo da ricognizione, combattente notturno e cacciabombardiere. Il de Havilland DH.98 Mosquito era un aereo da combattimento multiruolo britannico, monoplano e bimotore realizzato dall'azienda britannica de Havilland Aircraft Company sul finire degli anni trenta. Impiegato durante la seconda guerra mondiale, si dimostrò estremamente versatile e fu utilizzato in diversi ruoli dalla Royal Air Force (RAF) e da molte altre forze aeree alleate, sia nel teatro europeo sia in quelli del Pacifico e del Mediterraneo; in diverse forze armate venne mantenuto in servizio anche oltre il periodo bellico e fu anche utilizzato dalla British Overseas Airways Corporation (BOAC) come trasporto veloce per trasportare piccoli carichi di alto valore da e verso paesi neutrali attraverso lo spazio aereo controllato dal nemico.

- Il segreto dello straordinario successo del Mosquito va ricercato nella semplicità della formula costruttiva, dato che i tecnici della de Havilland progettarono un bimotore che avesse come dote principale la velocità, fosse il più piccolo possibile e avesse un rapporto peso-potenza molto elevato.

Soprannominato affettuosamente "Mossie" ("Passerotto") dai suoi equipaggi, aveva anche altri nomignoli, prevalentemente legati alla realizzazione lignea della cellula: The Wooden Wonder (la Meraviglia di legno), The Timber Terror (il Terrore di legno) e, meno rispettosamente, The Termite's Dream (il sogno delle termiti); fu la base per lo sviluppo del caccia pesante de Havilland Hornet e del suo derivato navale Sea Hornet.

Il risultato superò indubbiamente ogni più rosea previsione dato che il Mosquito, oltre a essere un validissimo ricognitore, ruolo per il quale era stato originariamente progettato, si rivelò un bombardiere e un caccia notturno trai migliori della guerra.

Come ricognitore non aveva bisogno di armamento difensivo, dato che la sua velocità gli permetteva di seminare facilmente eventuali nemici.

Come bombardiere fu il preferito dei Pathfinders, l'élite del Bomber Command, che aveva il compito di lanciare con grande precisione delle bombe illuminanti che sarebbero poi state usate come punto di mira dalle ondate successive; in questo ruolo fu anche protagonista di azioni spettacolari come l'attacco al quartier generale della Gestapo a l'Aja e Copenaghen.

Nel ruolo di caccia notturno il Mossie era un avversario temuto dai piloti tedeschi che tentavano di arginare le ondate di aerei inglesi che quasi ogni notte attaccavano le città tedesche.

La versatilità di questo aereo permetteva di impiegare i Mosquito anche nel pattugliamento antisommergibile, soppiantando il Beaufighter nel Costal Command. Un degno successore del Mosquito fu trovato soltanto negli anni cinquanta, con il bireattore Canberra.

Storia

All'inizio del 1936 l'Air Ministry emise la specifica P.13/36 per la fornitura di un bombardiere medio bimotore, con il quale dotare i reparti della Royal Air Force.
Alla gara parteciparono diverse aziende con progetti che risultarono condizionati dalle difficoltà di sviluppo del propulsore di cui era prevista l'installazione: il Rolls-Royce Vulture. In risposta a questa specifica ebbero, quindi, origine aerei quali l'Avro Manchester, l'Handley Page H.P.56 (diretto predecessore dell'Halifax) e il Vickers Warwick.
L'azienda fondata dal progettista britannico Geoffrey de Havilland partecipò alla gara con un velivolo derivato dal quadrimotore di linea DH.91 Albatross; si trattava di un velivolo che manteneva la struttura in legno, già sperimentata con risultati estremamente positivi sul racer DH.88, e che impiegava due nuovi e promettenti motori a V Rolls-Royce Merlin. Il velivolo che vide la luce, che come richiesto era dotato di torrette difensive a prua e in coda, risultò, tuttavia, sotto potenziato e non fu in grado di raggiungere le prestazioni richieste.
La commissione incaricata della valutazione, che per altro non vedeva favorevolmente l'impiego di un velivolo dalla struttura in legno, dopo aver visionato le varie proposte si espresse a favore del Manchester.
Altri costruttori proseguirono lo sviluppo dei loro progetti optando per l'impiego di quattro unità motrici (in questo modo, ad esempio, ebbe origine l'Halifax) mentre la de Havilland, il cui ufficio di progettazione era capeggiato da Ronald E. Bishop, proseguì gli studi focalizzandosi sulla realizzazione di una macchina leggera (priva di torrette difensive e dei relativi membri di equipaggio) ma

estremamente veloce, a tal punto che, sulla base di calcoli teorici, avrebbe dovuto essere addirittura più veloce di un caccia Spitfire.
La nuova proposta venne sottoposta all'Air Ministry, presso il quale la de Havilland trovò un estimatore in Sir Wilfrid Freeman (commilitone di Geoffrey de Havilland ai tempi della prima guerra mondiale) che seppe apprezzare l'idea del bombardiere veloce nonché quella dell'impiego di materiali non strategici al fine di ridurre la richiesta di materie prime metalliche.

Il prototipo del Mosquito, matricola W4050

Il progetto del DH.98 venne proposto nel settembre del 1939, pochi giorni dopo lo scoppio della guerra contro la Germania, enfatizzandone le potenzialità di ricognitore fotografico a lungo raggio, al fine di massimizzare le possibilità di accettazione da parte delle autorità ministeriali, in quanto nella specifica specialità la RAF si presentava all'epoca carente di mezzi.
L'approvazione definitiva del progetto del Mosquito risale al 29 dicembre 1939 con l'immediata richiesta, tre giorni dopo, per un singolo prototipo.

L'azienda, tuttavia, aveva già deciso di procedere comunque con la realizzazione del velivolo, individuando allo scopo una tenuta agricola, nota con il nome di Salisbury Hall e situata non lontano dai propri stabilimenti di Hatfield, presso la quale furono realizzati, lontano da occhi indiscreti, il mockup (appeso al soffitto dell'enorme cucina) e il prototipo (in un hangar realizzato all'interno del fienile, del quale manteneva l'aspetto esteriore).

Il contratto per l'ordinazione dei primi 50 esemplari (compreso il prototipo) destinati al ruolo di ricognitori, fu firmato il 1° marzo 1940 ma, a seguito della battaglia di Dunkerque, le autorità britanniche premettero affinché le industrie aeronautiche si dedicassero alla realizzazione di velivoli già esistenti piuttosto che allo studio di nuovi modelli, mettendo così a rischio il progetto stesso.

In questo frangente il nuovo ministro della produzione aeronautica Max Aitken ebbe a scontrarsi con Wilfrid Freeman circa l'opportunità di abbandonare il progetto del DH.98, che in alcuni ambienti veniva ormai definito come "la follia di Freeman". Alla fine venne deciso che il progetto avrebbe potuto procedere, a patto di non interferire con le priorità produttive assegnate alla de Havilland.

Malgrado i danni dovuti a un bombardamento aereo che danneggiò la tenuta di Salisbury Hall, la realizzazione del prototipo procedette in modo relativamente spedito: il 3 novembre del 1940 venne smontato e trasferito dal "fienile" alla pista di prova di Hatfield.

Il riassemblaggio richiese più del previsto ma, il 25 dello stesso mese, Geoffrey de Havilland Jr., figlio del titolare e capo collaudatore dell'azienda, portò finalmente in volo il DH.98.

Il risultato pratico superò ogni più brillante aspettativa e spazzò via ogni tipo di scetticismo; agile e veloce (le prove ufficiali svoltesi alla fine dell'anno fecero registrare una velocità massima di ben 32 km/h superiore a quella dello

Spitfire), il "Mosquito", come nel frattempo il velivolo era stato ufficialmente denominato, divenne una delle massime priorità nel programma di costruzioni aeronautiche e su di esso vennero riversate molte delle speranze britanniche di contrastare adeguatamente sia i bombardamenti notturni sul territorio metropolitano sia le minacce portate ai convogli marittimi dai velivoli tedeschi di pattuglia sull'oceano (in particolare il Focke-Wulf Fw 200); allo stesso tempo vennero a cadere anche le perplessità circa la prevista assenza di armamento, spianando la strada anche alla versione da bombardamento.

Meno di undici mesi dopo l'inizio della progettazione, il prototipo, quindi, volò a Salisbury Hill, risultando subito tanto agile che i primi 50 esemplari previsti dall'ordine RAF vennero richiesti come caccia pesanti piuttosto che come bombardieri leggeri. Nasceva così la leggenda del Mosquito che, assieme allo Spitfire e al Lancaster, si può ben definire il migliore e più prestigioso dei velivoli inglesi della II Guerra Mondiale.

In ordine cronologico la prima versione del Mosquito a entrare in servizio fu quella da ricognizione (settembre 1941), seguita da quella da bombardamento (maggio 1942) e, quasi contemporaneamente, da quella da caccia notturna.

Solo in un secondo momento si aggiunse la variante da attacco al suolo (per altro derivata da quella da intercettazione) mentre relativamente scarsa importanza ebbe la produzione delle varianti da addestramento.

Dal settembre 1941, quindi, il Mosquito potè entrare in linea. Da allora, fino alla venuta dello Spitfire Mk.XIV ai primi del 1944, esso sarebbe stato il più veloce velivolo della RAF.

La versione da caccia aveva longheroni alari rinforzati, parabrezza piatto, 4 cannoni da 20 e 4 da 7,7 mm, radar AI Mk IV. I primi NF.Mk II venne prodotto in 466 esemplari e volava a 595 km/h; seguiranno 97 NF.Mk XII che erano Mk II con nuovo radar ma senza mitragliatrici, e poi assegnato alla 307^a con piloti polacchi.

Seguiranno i 270 NF Mk XIII, di cui un centinaio trasformati in Mk XVII con il radar Mk X; di seguito 220 Mk XIX con nuovi motori, e l'NF.Mk XV che doveva intercettare gli Ju.86P da ricognizione, con apertura alare aumentata a 19,05 metri, con motori Merlin 76/77 da 1.710 hp, capace di volare a 13.260 metri, con armamento ridotto a 4 armi da 7,7 mm.

Infine, l'NF.Mk 30 dal luglio 1944 in servizio con una mezza dozzina di squadriglie, e costruito in circa 230 esemplari. Motorizzato con varie versioni del Merlin, da circa 1.700 hp, aveva tangenza di 11.885 metri, e soprattutto 655 km/h di velocità massima.

Il Mosquito da caccia notturna, seppure prodotto in poco oltre 1.000 esemplari, era il migliore dei caccia notturni Alleati, soprattutto quando ebbe il radar Mk X derivato dal modello americano, quello dei P-61. Solo il Me262 e l'He-219 erano all'altezza o superiori, ma non su tutti gli aspetti.

Ma il Mosquito venne realizzato anche in altre versioni avanzate, ad esempio, quelle da attacco al suolo e antinave. Un tipo iniziale fu il Mosquito FB.Mk VI per il comando costiero della RAF, con 8 razzi da 76 mm, 4 armi da 7,7 mm, 4 da 20 mm e due bombe da 227 kg. Vennero anche usati altri aerei, e in particolare il Mosquito FB.Mk XVIII, con cannone Molins da 57 mm nel muso come unico armamento, arma da oltre 900 kg, volò il 25 agosto 1943. Solo 27 gli aerei costruiti per la 248^a di Banff, anche perché quest'arma cannoniera danneggiava il muso quando veniva utilizzata.

Anche la Royal Navy si interessò al Mosquito; l'iniziale richiesta per un velivolo da traino bersagli venne rifiutata dall'Air Ministry in quanto l'utilizzo, a tali fini, di un velivolo che impiegasse due preziosi motori Merlin era da considerarsi uno spreco. Sviluppi successivi portarono, in ogni caso, alla realizzazione di versioni del Mosquito espressamente destinate all'impiego da parte della Fleet Air Arm: a partire dal 25 marzo del 1944 furono eseguite prove a bordo della portaerei HMS Indefatigable.

La produzione del Mosquito (protrattasi fino al novembre del 1950) arrivò a circa 7.800 esemplari, parte dei quali furono realizzati negli impianti che la de Havilland aveva realizzato in Canada e Australia; per altro le diverse sussidiarie titolari degli impianti realizzarono autonomamente alcune modifiche di dettaglio al progetto, determinando così la nascita di nuove versioni del velivolo.

A partire dal progetto del Mosquito la de Havilland realizzò, ancora una volta di propria iniziativa, lo sviluppo di un aereo da caccia monoposto dotato di grande autonomia; in sostanza si trattava di un velivolo in scala leggermente ridotta che riprendeva la struttura e il disegno del Mosquito. Designato internamente DH.103 il progetto venne approvato dalle autorità, in cerca di un aereo da combattimento a lungo raggio da destinare, in particolare, al teatro del Pacifico.

Ebbe così origine l'Hornet che ebbe anche una variante "navalizzata", ribattezzata Sea Hornet.

Tecnica

Il Mosquito era un monoplano bimotore dalla struttura quasi interamente in legno; la fusoliera, di sezione ovale, era costituita dall'accoppiamento di due gusci, destro/sinistro, costituiti a loro volta da una parte interna di balsa rivestita su entrambi i lati da uno strato di compensato; i due gusci erano uniti tra loro mediante l'impiego di collanti che inizialmente erano a base di "caseina" ma che, in un secondo tempo, furono rimpiazzati con adesivi sintetici quali l'aerolite, a base di formaldeide, che era in grado di resistere alle alte temperature e all'umidità. La ditta Focke-Wulf e il suo ingegnere collaudatore Kurt Tank cercarono di copiare il concetto di Mosquito e rilascerono un prototipo molto veloce ed efficiente del Ta 154 nel 1943, soprannominato Moskito. Tuttavia, a seguito del bombardamento dello stabilimento Tego, che fabbricava la speciale colla, l'aeromobile pre-prodotto subiva incidenti dovuti a una colla acida usata come un surrogato che rosicchiava il legno, provocando la catastrofica delaminazione del compensato, che portò alla fine. del programma.
I due longheroni erano fatti di abete rosso, con traversine di abete rosso e compensato di betulla a due strati; l'ala fu costruita come un unico assemblaggio, coperto di tessuto e dipinto.
Nella sezione anteriore la cabina di pilotaggio prevedeva la disposizione affiancata dei due membri dell'equipaggio, con la postazione del pilota sistemata sulla destra e leggermente più avanzata. Nelle versioni da ricognizione e da bombardamento il navigatore poteva accedere, tramite un apposito tunnel, al muso vetrato dove, in posizione prona, svolgeva le funzioni di osservazione e puntamento.

L'accesso alla cabina avveniva, nelle versioni da ricognizione e bombardamento, mediante una botola ricavata nella parte inferiore del cono di prua; nelle versioni da caccia e da attacco, nelle quali in questa posizione erano alloggiati i cannoni, l'equipaggio entrava nel velivolo tramite una porta ricavata nel lato destro della fusoliera, prima dell'ala.

La sezione di coda della fusoliera terminava con gli impennaggi di tipo classico, con la deriva a sovrastare i piani di coda che terminavano in posizione leggermente più arretrata.

Un Mosquito conservato al US Air Force Museum

L'ala, disposta in posizione mediana, era bi-longherone; questi erano realizzati con corrente di abete rosso e anima in compensato; il bordo d'entrata era diritto mentre quello d'uscita era profondamente rastremato verso l'estremità.

Nel prototipo, il bordo d'entrata era dotato di ipersostentatori che vennero però eliminati negli esemplari di serie, stante il buon comportamento del velivolo alle basse velocità.

Al di sotto dell'ala era prevista una stiva, utilizzata per il trasporto dei carichi di caduta o per contenere serbatoi ausiliari di carburante, a seconda delle diverse versioni.

I motori erano alloggiati in gondole alari allungate verso la parte anteriore del velivolo; nella sezione alare interna, tra la fusoliera e le gondole dei motori, erano annegati i radiatori.

Le superfici di controllo, realizzate in lega leggera erano le uniche parti metalliche del Mosquito; il rivestimento del velivolo era realizzato interamente in tela, tranne che per gli alettoni che erano rivestiti in metallo.

Il carrello era di tipo triciclo posteriore, con gambe mono ruota e doppi ammortizzatori a tamponi di gomma.

Gli elementi anteriori del carrello si ritraevano all'indietro all'interno delle gondole motore; il ruotino posteriore era di tipo retrattile, collocato all'estremità posteriore del cono di fusoliera; anche in posizione retratta sporgeva parzialmente dal proprio alloggiamento.

Il Mosquito, nel corso della propria storia pluriennale, fu sempre equipaggiato con i V-12 Rolls-Royce Merlin utilizzandone, di volta in volta, le versioni più recenti o maggiormente adatte all'impiego operativo previsto (il nome Merlin non deriva da Merlino, mitico mago della saga di Re Artù, ma da un piccolo falco: lo smeriglio).

- In particolare, l'introduzione dei compressori meccanici a due stadi, a partire dal Merlin 61, utilizzato sui Mosquito PR Mk.VIII da ricognizione fotografica, consentì di realizzare versioni del velivolo espressamente destinate all'impiego alle quote più elevate, fornendo un considerevole incremento di prestazioni.

I velivoli prodotti negli impianti canadesi vennero equipaggiati con i motori Packard V-1650, la versione del Merlin prodotta su licenza negli Stati Uniti.
- Aspetto particolare della motorizzazione del DH.98 riguarda l'impiego di motori indifferenziati nel senso di rotazione delle eliche, cioè, sia le eliche di destra che di sinistra giravano nella stessa direzione,contrariamente a molti altri velivoli; il Mosquito, infatti, parve non risentire dei problemi di torsione determinati dalla rotazione delle eliche, che venivano in genere ridotti nei bimotori tramite l'impiego nelle due semiali di motori rotanti uno nel senso opposto all'altro.

I motori azionavano eliche tripala metalliche, a passo variabile; solamente nelle versioni impiegate dalla Fleet Air Arm vennero impiegate eliche quadripala, in ragione della minor lunghezza delle pale, fattore utile in fase di appontaggio sulle portaerei, al fine di evitare l'impatto contro il suolo al momento dell'aggancio con i cavi d'arresto.
- L'impiego del Mosquito nei ruoli di caccia notturno e di bombardiere comportò l'installazione delle prime apparecchiature radar all'epoca disponibili e, durante tutto il processo di sviluppo del velivolo, la disponibilità di nuove versioni degli strumenti di ricerca comportava la nascita di nuove versioni oppure l'aggiornamento delle macchine già in servizio.

Per quanto concerne il compito di caccia notturno, le necessità riguardavano apparecchiature d'intercettazione che consentissero di individuare il nemico in condizioni di assenza di visibilità. La prima versione destinata alla caccia notturna (NF Mk.II) alloggiava il radar d'intercettazione a onde lunghe "AI.IV" (acronimo di

Airborne Intercept Mk.IV) ma già esemplari della stessa serie impiegavano il successivo "AI.V", simile al precedente ma dotato di un display a disposizione del pilota che veniva, in tal modo, agevolato nella ricerca del bersaglio.

Questi apparati avevano tuttavia un limite nel raggio minimo di funzionamento; in sostanza, il radar perdeva il contatto con l'obiettivo prima che questo potesse entrare nel raggio visivo del pilota. Il passo successivo della tecnologia fu quello del radar con lunghezza d'onda centimetrica che trovò applicazione pratica nell'apparato "AI.VIII" con il quale furono aggiornati gli NF Mk.II a partire dall'estate del 1942 e che venne installato nei velivoli di nuova produzione, identificati come NF Mk.XIII. La comparsa dell'apparato di origine statunitense designato "SCR-720" (e adottato dai britannici con la sigla "AI.X") condusse alla nuova conversione di velivoli NF Mk.II che divennero così NF Mk.XVII analogamente agli NF Mk.XIII che divennero NF Mk.XIX.

L'ultimo tipo di apparato radar installato sui Mosquito per la caccia notturna fu lo "AI.IX" con il quale venne equipaggiata la versione NF.38; si rivelò tuttavia macchinario pesante e poco efficiente e il velivolo in questione non fu mai impiegato dalla RAF. Diverse erano le necessità delle macchine destinate al bombardamento; in questo caso era determinante stabilire la localizzazione dei velivoli rispetto all'obiettivo da colpire.

Questo risultato venne ottenuto mediante l'impiego di segnali radio che, tramite due diversi sistemi di radionavigazione (GEE e Oboe), consentivano di migliorare l'efficacia dei bombardamenti anche in condizioni meteo avverse o durante le missioni notturne.

Oltre ai due sistemi precedenti venne impiegato anche il radar "H2S"; questo sistema forniva una mappa elettronica, per quanto di difficile interpretazione, del terreno sottostante.

In merito all'impiego di questi apparati, le fonti reperite non evidenziano differenze tra le varie versioni da bombardamento dei Mosquito e, nemmeno, ne indicano l'impiego da parte dei velivoli destinati alla ricognizione.

Le due versioni imbarcate del Mosquito (TR.33 e TR.37) vennero equipaggiate rispettivamente con il radar di origine statunitense "ASH" (AN/APS-6), alloggiato in un radome "a ditale" all'estrema prua e con quello di origine britannica "ASV Mk.III" contenuto in un radome dalle dimensioni più generose.

Mosquito TR.33

Il TR Mk 33 fu sviluppato per la Royal Navy nel 1944. I primi test furono effettuati su un Mosquito FB VI, che era stato rinforzato e dotato di un gancio di arresto. Questo aereo fu utilizzato per testare l'idoneità del Mosquito per le operazioni di trasporto, effettuando il primo atterraggio sulla HMS Indefatigable il 25 marzo 1944. La maggior parte delle modifiche apportate al TR Mk 33 furono progettate per consentire l'utilizzo dell'aereo sulle portaerei, anche se alla finrnon fu mai utilizzato.
Il TR Mk 33 era alimentato da due motori Merlin 25 da 1.635 hp, era equipaggiato con quattro cannoni Hispano da 20 mm, come nelle varianti da combattimento notturno, con il radar americano ASH. Come per le varianti dei bombardieri da combattimento, due bombe da 500 libbre potevano essere trasportate nell'apposito vano interno, oltre ad altre bombe o carburante extra sotto le ali. Dove il TR Mk 33 differiva dai modelli precedenti era nella

capacità di trasportare un siluro Mk XV o XVII da 18 pollici sotto la fusoliera. Per aiutare il Mosquito a decollare dai ponti con questo carico, fu equipaggiato con il Rocket Assisted Take Off Gear (RATOG), due piccoli razzi legati alla fusoliera. Alla fine, il TR Mk 33 fu dotato di ali pieghevoli, la cui cerniera fu posizionata fuori dai motori, con le punte delle ali ripiegate sopra la parte superiore del velivolo.

Infine, i velivoli in dotazione all'USAAF vennero dotati di ricevitori LORAN e alcuni furono equipaggiati con il radar di navigazione e rilevamento del suolo "H2X" (sviluppo statunitense del britannico H2S).

Cinquanta TR.33 sono stati costruiti.

Rolls-Royce Merlin

Il Rolls Royce Merlin fu uno dei migliori motori aeronautici con raffreddamento a liquido di tutta la Seconda Guerra Mondiale. La genesi del propulsore Rolls Royce risale agli anni trenta, al periodo in cui erano popolari le gare di velocità tra aerei. In quel periodo ad appassionare il momento c'era la Coppa Schneider, una gara per idrovolanti che si svolgeva ogni anno e che prevedeva un percorso chiuso. Molti produttori vi partecipavano e gli studi di progettazione lavoravano febbrilmente su prototipi ed esperimenti per riuscire a vincere l'ambito trofeo. Uno di questi prodotti fu proprio il Kestrel, un motore da cui fu poi derivato il Merlin, progettato e costruito per partecipare alla gara.

Il propulsore Britannico equipaggiò fin dal primo momento i due caccia più diffusi della Royal Air Force, quelli che sostennero il grosso dell'urto della Luftwaffe nel corso della Battaglia d'Inghilterra ovvero lo Spitfire e l'Hurricane. Successivamente fu usato su numerosissimi aerei britannici, tanto per fare alcuni esempi possiamo citare i bombardieri Manchester, Halifax e Lancaster, il polivalente Mosquito, il Barracuda il Beaufighter e un enorme numero di aerei, anche di progettazione straniera.

- Il nome Merlin non deriva da Merlino, mitico mago della saga di Re Artù, ma da un piccolo falco: lo smeriglio.

Agli inizi degli anni trenta la Rolls-Royce iniziò a pianificare i programmi di sviluppo dei suoi futuri motori d'aereo.
Due furono i progetti di base.
- A partire dal Rolls-Royce Kestrel, un V-12 della stessa ditta che fu usato con grande successo su

molti velivoli sempre durante gli anni trenta, venne realizzato il Rolls-Royce Peregrine. Questo motore avrebbe dovuto fornire 700 hp (522 kW) di potenza. Due Peregrine, uniti a uno stesso albero motore secondo una configurazione a X, avrebbero dato origine al Vulture. Questo motore avrebbe avuto 24 cilindri e avrebbe dovuto raggiungere una potenza di 1.700 hp (1.268 kW).

- Il secondo motore era destinato all'uso sui velivoli più grandi quali i bombardieri. Si prevedeva inoltre di creare un propulsore da 1.500 hp (1.118 kW) partendo dal motore utilizzato dai velivoli da gara della Supermarine. La base di partenza era il motore Buzzard, che a sua volta, altro non era che un Kestrel in scala più grande.

Questi piani però lasciavano scoperta la classe dei motori tra i 700 e i 1.500 hp. Per coprire questo vuoto la Rolls-Royce iniziò a lavorare su un nuovo motore, da circa 1.100 hp (820 kW). Questo progetto venne designato PV-12, dove PV (Private Venture) stava a indicare che la ditta si assumeva in proprio i costi del progetto, non ricevendo fondi per svilupparlo. Il primo volo di questo motore avvenne su di un biplano Hawker Hart nel 1935. Il motore usava l'allora nuovo sistema di raffreddamento a evaporazione. Questo sistema però non soddisfaceva pienamente e appena furono disponibili scorte provenienti dagli USA di Glicole Etilenico (Prestone), si adottò subito un nuovo sistema di raffreddamento.

L'importanza di questo motore fu subito capita tanto che già nel 1940 i progetti, completi di tutti i dettagli necessari ad avviarne rapidamente la produzione, furono spediti negli Stati Uniti in previsione del caso in cui la Gran Bretagna fosse stata costretta a capitolare.

Negli Stati Uniti il motore venne prodotto dalla Packard e la collaborazione tra le industrie britanniche e americane portò a numerosi sviluppi del motore e alla sua adozione su alcuni dei migliori del conflitto, tra questi anche il famoso North American P-51 Mustang di progettazione americana, uno dei migliori aerei da caccia della Seconda Guerra Mondiale che era inizialmente equipaggiato con il motore Allison e dimostrò tutte le sue potenzialità solo quando si decise di metterci sopra un Merlin.

La potenza del motore, che inizialmente era di 1.000 hp, nelle versioni finali raggiunse i 1.600 hp (per alcuni brevi periodi si potevano superare anche i 2.000 hp con una iniezione nei cilindri di una soluzione di acqua e metanolo). Questo risultato fu possibile soprattutto grazie allo sviluppo dei carburatori sempre migliori, di progettazione americana, e all'adozione di benzine con un numero sempre maggiore di ottani che permettevano di adottare un rapporto di compressione più elevato allontanando il rischio di una prematura detonazione in camera di combustione.

La cilindrata era di circa 27 litri con 12 cilindri disposti a V, angolati tra loro di 60 gradi, alesaggio 13,73 cm, corsa 15,25 cm, e fu prodotto in più di 150.000 esemplari.
I cilindri in acciaio sono fissati su due monoblocchi in alluminio e chiusi da una testata anch'essa in alluminio; all'interno dei cilindri operano dei pistoni in lega di alluminio. La distribuzione è regolata da quattro valvole per cilindro, comandate da un albero a camme in testa. Il sistema di alimentazione comprende un carburatore a triplo corpo, posto a monte del compressore a due stadi e due velocità con inter refrigeratore e post refrigeratore; carburatore e compressore sono sistemati nella parte posteriore del motore. Ogni cilindro dispone di due candele di accensione, alimentate da due magneti posti sul retro di ogni linea di cilindri. Il motore è dotato di riduttore a ingranaggi cilindrici con rapporto di riduzione1:0,42, posizionato tra l'albero a gomito e l'albero dell'elica.

- La prima importante consegna di Merlin II avvenne nel 1938. Il motore forniva 1.030 hp (768 kW) di potenza. La produzione venne subito aumentata.

I primi Merlin erano considerati piuttosto inaffidabili ma, data la loro importanza, fu fatto qualsiasi sforzo per migliorarli. La ditta introdusse un severo programma di controllo della qualità per risolvere i vari problemi. In pratica si trattava di prendere, scegliendoli a caso, dei motori usciti dalla catena di produzione; questi motori venivano poi fatti girare senza interruzione alla massima potenza finché non cedevano. Dopodiché venivano smontati e si ricercava la parte che aveva ceduto. Questa veniva poi ridisegnata per renderla più resistente. Dopo due anni di applicazione di questa procedura il Merlin era diventato uno dei motori d'aereo più affidabili al mondo, tanto che poteva essere mantenuto alla massima potenza per tutta la missione di bombardamento, di solito della durata di circa otto ore, senza che si registrassero inconvenienti.

L'aumento della potenza del Merlin avvenne anche grazie al continuo miglioramento del carburante per aerei che venne realizzato negli USA. Infatti, divennero disponibili carburanti con un numero di ottano sempre più elevato e da una sempre più efficiente sovralimentazione. All'inizio del conflitto il Merlin, con i suoi 27 litri di cilindrata, veniva alimentato con il carburante standard a 87 ottani e forniva una potenza di poco superiore ai 1.000 hp (746 kW) mentre il motore tedesco DB601, da 34 litri di cilindrata, ne poteva fornire circa 1.100 (820 kW). La successiva versione del motore inglese, la XX, utilizzando benzina a 100 ottani e con una maggiore pressione di sovralimentazione, ne poteva fornire 1.300 (969 kW) senza alcun aumento della cilindrata.

Questo processo continuò con le versioni successive che fornirono una potenza sempre più elevata, tanto che verso la fine della guerra questo motore, che ormai si poteva considerare "piccolo", riusciva a fornire 1.600 hp (1.193 kW) nelle versioni normali e arrivava, per brevi periodi, a 2.000 hp (1.491 kW) in alcune versioni speciali.

Il Merlin era considerato fondamentale per lo sforzo bellico, tanto che i disegni del progetto furono inviati negli Stati Uniti per evitare che potessero cadere in mani tedesche nel caso che la Gran Bretagna, nel 1940, avesse dovuto capitolare.

Nel 1942, quando questa minaccia era ormai lontana, venne iniziata la produzione del Merlin negli Stati Uniti da parte della Packard che lo produsse, su licenza, con la designazione V-1650. All'inizio questo motore veniva montato, in un modello specifico chiamato Merlin 266 con carburatore modificato, solo sugli Spitfire Mk.XVI, versione assimilabile all'Mk.IX tranne appunto che per il fornitore del motore. Si dimostrò però talmente superiore ai suoi pari classe statunitensi, quale per esempio l'Allison

V-1710, che venne utilizzato al suo posto sul caccia North American P-51 Mustang, che divenne uno dei migliori velivoli da caccia del secondo conflitto mondiale. Per quanto detto sopra il Merlin viene annoverato tra i principali fattori che hanno contribuito alla vittoria degli Alleati nella Seconda guerra mondiale.

La versione da combattimento armata con quattro cannoni da 20 mm nella pancia e quattro mitragliatrici .303 nel naso.

Rolls Royce Merlin e Daimler Benz 601/605

Il Merlin è il discendente di una famiglia di motori degli anni '30, fra i quali si misero in luce il Kestrel e il Model «R», utilizzato, quest'ultimo, per potenziare l'ultimo vincitore della Coppa Schneider, il Supermarine S613.

Il Merlin 1, capostipite della famiglia, era basato su un'architettura a V dritta, dove cioè i 12 cilindri avevano la testa verso l'alto, disposti su due bancate a 60°, per una cilindrata totale di 27 litri.

La potenza del motore aumentò di generazione in generazione nel corso del conflitto, mentre il peso specifico del Merlin, nel corso della sua vita operativa, venne riducendosi, in parallelo alla crescita di potenze via via maggiori, passando da 0,54 kg/HP del Merlin 1 a 0,423 kg/HP del Merlin 500.

Dai 1.040 hp dei primi Merlin I e II si giunse al «massimo relativo» delle serie 130 e 131 di 2.060 hp e al «massimo assoluto» del modello RM17M di 2.640 hp. A titolo di confronto, si pensi che il progenitore Rolls Royce R, da record (Vickers Supermarine S6B), sviluppava 2.650 hp a 3.200 giri, alimentato da una miscela «esotica» di 60% di Metanolo, 30% di Benzene, 9% di Acetone e 1% di Piombo Tetraetile.

Il motore inglese era un propulsore alternativo raffreddato a liquido, con una miscela composta dal 70% di Acqua e da un restante 30% di Glicole Etilenico; il sistema di raffreddamento a liquido, tipico dei motori in linea, pur ottimo dal punto di vista dei risultati, rendeva il Merlin ben più vulnerabile di un qualsiasi altro motore radiale raffreddato ad aria.

Il Merlin era poi equipaggiato con un riduttore e con un compressore centrifugo, azionato meccanicamente.

Il compressore centrifugo non serviva, tuttavia, come ad esempio nei Pratt and Whitney, a ripristinare la potenza in quota, ma a incrementarla fin dal livello del mare.
Fu con lo spitfire mk.IX che si passò dal compressore centrifugo monostadio a un velocità a quello bistadio a due velocità, che garantiva una migliore curva di potenza in quota, il cambio veniva azionato da una capsula aneroide in grado di "sentire" il cambio di quota attraverso la densità dell'aria.
Una scelta cruciale fu quella dell'adozione di un sistema di alimentazione a carburatore. I tecnologi britannici sono stati sempre, per tradizione piuttosto «conservatori». L'adozione del "carburetor SU" si era presentata come foriera di apprezzabili vantaggi:
- Efficiente raffreddamento della miscela e miglioramento del coefficiente di riempimento.
- Semplicità costruttiva; un terzo circa del numero delle parti richiesto da un equivalente sistema a iniezione.
- Maggiore affidabilità in ambienti operativi difficili.
- Facilità di manutenzione e di regolazione sul campo.
- Intercambiabilità delle parti, cosa impossibile, come vedremo, sui sistemi di iniezione diretta Bosch dei motori tedeschi.

Tuttavia, questa grande semplicità e funzionalità dello sperimentato sistema a carburatori presto si dovette pagare con limiti forse più grandi dei pregi.
Infatti, quando gli Hurricare e gli Spiffire della RAF cominciarono a scontrarsi con i Me 109E della Luftwaffe, emerse un grave problema, che non sarebbe stato affrontato sui Merlin I e II, ma solo sui modelli successivi. L'alimentazione del motore non era garantita in caso di manovra con G negativi; in sostanza, i caccia della RAF

venivano surclassati dai loro avversari tedeschi non appena questi ultimi si gettavano in affondate vertiginose.
I Merlin non solo perdevano regolarmente colpi, ma giungevano talvolta a spegnersi in volo e, alla rimessa, si generavano nuvole di fumo nero, quando i Me 109E erano ormai lontani.
I tecnici britannici ovviamente indagarono sul fenomeno.
Riferendoci alla figura seguente, osserviamo uno dei corpi del carburatore; esso risulta appropriatamente alimentato dalla pompa del motore, seppur in condizioni di G positivi (caso a). Il livello di carburante è regolare e il galleggiante si dispone orizzontalmente.

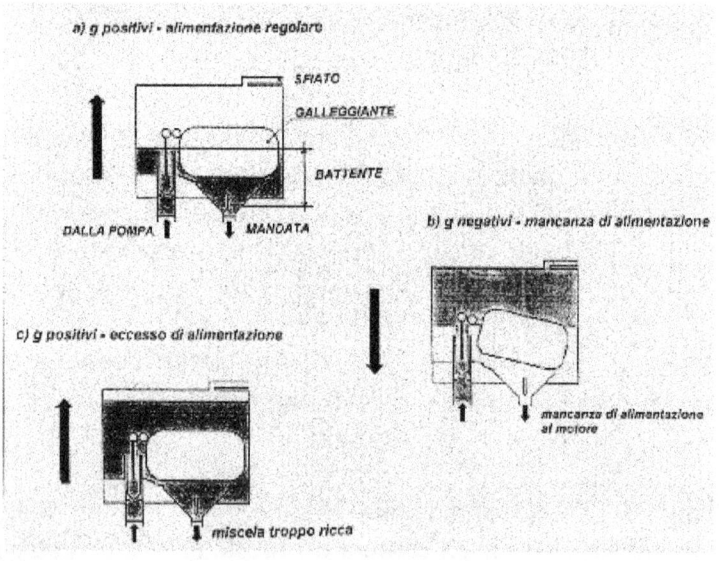

Quando però il velivolo, e quindi il motore, viene sottoposto a G negativi (caso b), il galleggiante, per inerzia, si inclina e, mentre l'alimentazione dalla pompa non viene interrotta, il carburante presente nella vaschetta si dispone verso l'alto della stessa, interrompendo il flusso regolare al motore.
Questo era il primo grave difetto del carburatore.

Anche in G positivi però, le cose non andavano molto bene; in tali condizioni (caso c), si poteva verificare che il carburante andasse a sovralimentare la mandata, dando origine a una miscela troppo ricca, la qual cosa risultava particolarmente disastrosa in quota, dove data la minore densità specifica dell'aria, è necessaria una miscela povera.
In tali condizioni, lontane da quelle ottimali, il motore si ingolfava, generando vistose fumate nere, che fuori uscivano dai tubi di scarico.
Per ovviare a questi inconvenienti, i tecnici della Rolls Royce svilupparono una semplice modifica che consisteva nell'installazione di un diaframma nel carburatore. Essa venne applicata per la prima volta al Merlin 50 di uno Spitfire Mk.VB, il quale venne convertito presso la base sperimentale di Boscombe Down, nel dicembre 1941. La scarsa efficacia del rimedio spinse i responsabili del programma a restringere la modifica ai soli caccia del reparto.
Intervenne a questo punto il Royal Aircraft Establishment (RAE) di Farnborough che installò, in ciascun corpo del carburatore SU, cinque nuove parti. La modifica aveva il vantaggio di essere semplice e di poter venire introdotta sui campi, in modo facile e accessibile anche da parte del personale di terra della RAF.
Come si può vedere dal grafico seguente (caso d):
- Venne installata una flangia che era in grado di andare a "pescare" il carburante anche quando esso, sottoposto ai G negativi, si disponeva nel volume alto della vaschetta.
- Si installò anche una valvola a sfera, che, in tali condizioni, chiudeva il flusso verso lo sfiato.
- Si aggiunse, quindi, una vite di regolazione del fondo corsa del comando dello spillo e si allungò quest'ultimo, dotandolo di una nuova estremità, in modo da incrementare la parzializzazione del flusso di mandata dalla pompa, nel caso di G

positivi, il tutto per ovviare a una miscela troppo ricca.

Fu una donna, Beatrice Shilling, tecnico del RAE, a individuare tale ultima soluzione.

La prima versione della sua modifica consisteva in un diaframma, posto esternamente al carburatore, fra quest'ultimo e la pompa; da questa soluzione si passò a quella dell'estensione dell'ago, che restringeva al solo «carburettor SU» l'area di intervento.

CARBURATORE SU MODIFICATO DAL RAE

d) g negativi - alimentazione regolare

REGOLAZIONE DEL FONDO CORSA DELLO SPILLO

VALVOLA SFERICA SFIATO

FLANGIA

PROLUNGAMENTO DELLO SPILLO

Questa seconda fondamentale modifica entrò in produzione soltanto durante il 1942, il che significa, che se lo Spitfire MK.IX si può considerare sostanzialmente esente da questi problemi sotto G negativi, altrettanto non si può dire dello Spitfire Mk.VB e C, la cui vita operativa come caccia di prima linea in teatri primari fu effettivamente limitata al 1941-42.

Infatti, proprio nel 1942, con l'apparizione del FW-190A-3 nei cieli Francesi e della Manica, nacque uno degli aerei "tappabuco" più riusciti del conflitto, lo Spitfire MK.IX, la cui struttura ricalcava sostanzialmente quella dello Spitfire Mk.V e che montava inizialmente il nuovo Merlin 61 da 1.390 hp turbocompressore bifase a due velocità; infine nel

1944 entrava in linea il Merlin 63 da 1.710 hp montato sugli Mk.IXE.

La serie 60 sembrava, quindi, aver risolto il problema delle sollecitazioni centrifughe e centripete, ma rimanevano, comunque, due problemi a questi straordinari motori, legati al permanere del sistema di alimentazione a carburatore:

- Abbiamo appena visto come il Carburator SU dotato delle nuove modifiche fosse ormai in grado di "pescare" la miscela dal carburatore in qualunque posizione essa si trovasse; tuttavia, non era in grado di distribuire la stessa ai cilindri in maniera altrettanto precisa e indifferente ai G quanto un sistema a iniezione. Questo significava in pratica che, per quanto fossero ormai superati i problemi maggiori, lo shut off in G negativi e l'ingolfamento in G positivi, restavano problemi di minore entità, ma non proprio trascurabili, cioè:
  - Il rischio ancora una volta di ingolfamento sottoponendolo a G positivi, molto più raro però che in precedenza.
  - Il rischio di surriscaldamento del cilindro più caldo in seguito a manovre con G positivi.
  - Ancora sensibili cali di giri legati a un più difficoltoso raggiungimento dei cilindri da parte della miscela sotto G negativi.

- Il secondo handicap ancora riscontrato era la risposta alla manetta, la quale non poteva essere tanto pronta quanto quella di un motore con sistema a iniezione, il che risultava un problema soprattutto di fronte a manovre in cui fosse stato necessario togliere potenza.

Un esempio può essere il classico Split S senza manetta effettuato da un Bf 109 già sufficientemente veloce da effettuare la manovra, oltre le 220 mph, che togliendo manetta nello Split non può essere seguito dallo Spitfire se questi non fa altrettanto; tuttavia, è al termine dell'inversione che il Bf 109 si trovava a poter sfruttare, oltre che la propria superiore accelerazione (dovuta alla minore resistenza aerodinamica della fusoliera e dell'ala nonché al minor carico per metro quadrato di quest'ultima) anche e soprattutto la notevole lentezza dello Spitfire a recuperare i giri sacrificati per lo Split.

Se lo Spitfire avesse, dunque, seguito il 109 in questa manovra si sarebbe trovato in definitiva lontano dalla vittima designata, dopo aver inutilmente perso quota.

La soluzione fu fornita passando dai carburatori originali SU ai carburatori a pressione Bendix-Stromberg che funzionavano solo con la pressione, il che significa che la gravità non aveva più alcun effetto. Per questo motivo, il carburatore a pressione funziona in modo affidabile quando l'aereo è in qualsiasi posizione di volo.

- Il fatto che un carburatore a pressione funzioni sul principio del carburante sotto pressione positiva lo rende una forma di iniezione di carburante.

Accompagnarono poi tutta la vita operativa dei Merlin problemi di corretta lubrificazione del motore durante il volo invertito, in quanto i serbatoi dell'olio rimanevano in tal senso "deficitari".

La prima impressione che scaturisce nell'accostarsi a un DB601 è quella di grande compattezza, quasi che le tubazioni e gli accessori facciano parte integrante del blocco motore e non vogliano svelare all'osservatore la propria funzione. Il carattere «tedesco», improntato a un estremo ordine progettuale, traspare così in modo immediato, a contrastare la disposizione caotica delle parti di vestizione dell'avversario inglese R.R. Merlin.

Il DB601 aveva come progenitore diretto il D13600, del quale conservava l'architettura, costituendone una naturale evoluzione, dando origine, a sua volta, a una trentina di sottotipi, che differivano fra loro per le diverse potenze erogate.

- Il DB601 era un motore equipaggiato di 12 cilindri a V invertita (i cilindri avevano la testa rivolto verso il basso), disposti su due bancate a 60°, con raffreddamento a liquido (Acqua + Glicole Etilenico).

Era alimentato mediante un apparato di iniezione diretta di tipo meccanico, progettato dalla Bosch.

Il DB601 era dotato di un compressore centrifugo monostadio a velocità variabile, azionato mediante un giunto idraulico che fungeva da variatore continuo; fu prodotto in Italia dall'Alfa Romeo che dovette fare un notevole salto di qualità per poterlo produrre in serie, il che comportò notevoli ritardi nella consegna delle prime unità, che uscirono dall'Alfa quando ormai il motore era fuori produzione in Germania. La versione era denominata Alfa RA1000 RC41-1, corrispondente al DB601 Aa; la versione italiana del DB601 equipaggiò sia il Reggiane Re2001 sia il Macchi MC.202 Folgore.

Con il DB 605 la Daimler Benz sviluppò definitivamente la formula del DB601, del quale conservava l'architettura. Dotato anch'esso di iniezione diretta Bosch, era del tutto esente da influssi causati dalle variazioni di assetto e da ritorni di fiamma. Il turbocompressore, azionato idraulicamente da un giunto doppio, era di tipo centrifugo monostadío e veniva regolato mediante un meccanismo barometrico, che «sentiva» la variazione di pressione con la quota.

Rispetto al precedente DB601, sul DB605 vennero adottate alcune nuove soluzioni costruttive, che ne incrementarono la potenza; venne, ad esempio, introdotta l'iniezione di acqua-metanolo, nella camera del compressore, in una proporzione del 30-70% della dosatura finale con il carburante, per periodi limitati di tempo (per non sovrasollecitare il motore), ottenendo così potenze del 15-35% superiori a quelle massime normali.
Il Me 109G-6, ad esempio, dotato di un DB605A da 1.475 hp arrivava a svilupparne 1.800 con il wep, e lo stesso valeva per il Macchi 205.

- A titolo di curiosità, l'acqua agiva da antidetonante mentre il metanolo, che in essa era disciolto, serviva sia ad abbassarne il punto di congelamento sia a raffreddare, con la sua evaporazione, la miscela, aumentando il rendimento della combustione.

L'elevata complessità del motore tedesco e dei sistemi a esso associati ebbero come risultato un TBO, "Time Between Overhaul" o "tempo fra una revisione e quella successiva", molto basso, mediamente di sole 50 ore.
Il DB605A venne costruito in Italia dalla Fiat, come Fiat RA 1050 RC 58- 1.
Il propulsore tedesco, in particolare il DB 605, ma le considerazioni sono applicabili anche al DB 601, era sicuramente rifinito meglio del suo contraltare, il Merlin.
Le infinitesime tolleranze, imposte dal progetto alla sua fabbricazione, ne costituivano però il «tallone di Achille».
L'utilizzazione bellica di benzine sintetiche, caricate con percentuali eccessive di piombo tetraetile, ne svelarono la delicatezza intrinseca.
Se associamo la lenta débacle dell'organizzazione logistica della Luftwaffe, che avrebbe dovuto fornire molti ricambi a fronte di un TBO medio di sole 50 ore, alla sofisticazione di un motore alimentato con l'iniezione diretta meccanica

(ogni unità di iniezione era composta da molti elementi che erano accoppiati in tolleranza solo fra loro, per cui un'avaria al sistema comportava l'intera sua sostituzione), comprendiamo il fatto che il Rolls Royce Merlin riuscisse vincitore dei confronto riguardante la funzionalità.

Si consideri anche che l'iniezione diretta comporta:
- Elevatissime pressioni, da fornire mediante pompe meccaniche.
- Alimentazione separata di ogni cilindro, con un sistema indipendente di tubazioni a elevata vulnerabilità.
- Assenza del benefico effetto di raffreddamento della miscela (che causa un aumento del riempimento dei cilindri e, quindi, una maggior potenza), causato dall'evaporazione della benzina nel carburatore.

Armamento

Per ovvie ragioni l'armamento delle diverse versioni del Mosquito variava in modo sostanziale, in ragione del ruolo al quale queste erano destinate; si ritiene opportuno analizzare sinteticamente le dotazioni per ciascuna destinazione d'impiego.

- **Ricognizione**

Come previsto dal progetto originario, i Mosquito nelle versioni caratterizzate dalla sigla "PR" (Photogarafic Reconnaissance) furono prodotte prive di qualsiasi armamento.
L'unica risorsa su cui gli equipaggi sapevano di poter contare era la velocità del velivolo.

- **Caccia/Caccia Notturna**

La dotazione standard iniziale (F/FN Mk.II) prevedeva l'installazione di quattro mitragliatrici Browning .303 calibro 7,7 mm, alloggiate nel cono di prua, e di quattro cannoni Hispano Mk.II calibro 20 mm, sempre nella sezione di prua della fusoliera, ma nella parte inferiore.
  - Le Browning sono tra le armi più diffuse e famose della storia delle mitragliatrici, e questo vale anche per l'impiego aeronautico. Nate nel 1917 come armi per la fanteria, esse si evolsero per l'impiego da aerei, principalmente con una maggiore cadenza di tiro. Gli inglesi impiegarono il calibro 303 Rimmed, mentre, invece, gli USA ebbero come standard le Browning 0.30 calibro 7,62 mm. Si trattava, quindi, di armi simili ma con munizioni non intercambiabili.

- ➤ Browning 0.30 calibro 7,62 mm: cadenza di tiro pari a 1.200 colpi al minuto e velocità iniziale pari a 835 metri al secondo.
- ➤ Browning .303 calibro 7,7 mm: cadenza di tiro pari a 1.140 colpi al minuto e velocità iniziale pari a 745 metri al secondo. I proiettili cal .303 sono vistosamente diversi anche come balistica, molto più pesanti ma con una minore velocità iniziale. Probabilmente, data la leggerezza di questo calibro, è la soluzione migliore, specie se si usano proiettili con un carico utile quali sostanze traccianti o incendiarie. La cadenza di tiro è invece del tutto paragonabile.

- Il cannone Hispano Mk.II sparava un proiettile da 130 grammi camerato 20 mm x 110 mm a una velocità alla bocca di 840 - 880 metri al secondo, a seconda della lunghezza della canna. La cadenza di tiro era di 600 - 850 colpi al minuto. La lunghezza complessiva dell'arma era di 2,36 metri, con un peso di 42-50 kg.

Le armi erano tutte alimentate da una cinghia e azionate elettro-pneumaticamente, azionate da un compressore installato nella gondola del motore sinistro. Nelle versioni successive non fu più possibile installare le mitragliatrici poiché nel cono di prua era installata l'antenna parabolica ricevente del radar d'intercettazione;nella prima versione le antenne riceventi erano due, a stelo, sulle estremità alari.

- **Attacco al suolo**

I velivoli di questa versione (FB Mk.VI) mantenevano la dotazione di armi fisse inizialmente prevista per la versione da caccia, quindi quattro mitragliatrici e quattro cannoni; nel vano bombe, disposto subito dietro ai cannoni, era previsto l'alloggiamento di due bombe da 112 kg (250 libbre).

Un'accurata opera di ridimensionamento delle alette direzionali delle bombe consentì tuttavia di alloggiare due bombe da 225 kg (500 libbre); nel corso del conflitto furono studiate modifiche alle ali grazie al cui irrobustimento era possibile, mediante rastrelliere disposte nella parte inferiore, trasportare un'ulteriore bomba da 225 kg per ogni semiala; in alternativa potevano essere applicati serbatoi supplementari di carburante.

A partire dagli ultimi mesi del 1944 divennero disponibili razzi subalari; i Mosquito potevano montarne quattro per semiala e le loro testate potevano avere carica cava, esplosivo ad alto potenziale e cariche incendiarie e si dimostrarono particolarmente efficaci, oltre che nelle missioni di attacco al suolo, anche per l'attacco alle navi.

Vi fu solamente un'altra versione per l'attacco al suolo, la FB Mk.XVIII, realizzata espressamente all'impiego antinave, sotto le insegne del Coastal Command, impiegava al posto dei quattro cannoni calibro 20 mm un singolo cannone calibro 57 mm destinato (nelle intenzioni) all'attacco dei sommergibili in fase di navigazione in superficie.

- **Bombardamento**

Anche le versioni identificate dalla sigla "B" non erano dotate di armamento fisso (mitragliatrici o cannoni). Il carico offensivo di caduta previsto dal progetto era costituito da quattro bombe da 112 kg (250 libbre), ma le modifiche già accennate alle alette direzionali delle bombe consentirono anche in questo caso di raddoppiare il peso degli ordigni trasportati.

A partire dal 1943 modifiche ai portelli del vano bombe, operate sugli esemplari già in servizio (B Mk.IV) e divenute standard sulle versioni successive (B Mk.IX e Mk.XVI), consentirono di raddoppiare nuovamente il carico offensivo permettendo l'alloggiamento di una singola bomba "Blockbuster", contenente, appunto, 1.800 kg di esplosivo (4.000 libbre).

Mosquito B.Mk 35, una delle ultime versioni bombardiere prodotte

- **Silurante**

Entrambe le versioni realizzate (TR.33 e TR.37), analogamente ai velivoli delle versioni da attacco, alloggiavano nel cono di prua l'antenna parabolica del radar; l'armamento offensivo anche in questo caso era costituito da quattro cannoni calibro 20 mm nella sezione inferiore del cono di prua mentre il carico di caduta prevedeva 225 kg (500 libbre) di bombe nella stiva oppure un siluro da 46 cm (18 pollici).

Anche in questo caso era possibile l'impiego delle rastrelliere alari al fine di alloggiarvi altre bombe, razzi o serbatoi supplementari.

Impiego operativo

Superate le, comprensibili perplessità iniziali, le autorità britanniche avanzarono un numero sempre maggiore di ordini di Mosquito e, da questo momento in poi, l'unica lamentela che si registrò circa il bimotore della de Havilland fu che non ce ne fossero mai a sufficienza.
La versatilità della macchina venne garantita anche da un costante lavoro di sviluppo che interessò, come detto, tutte le varie componenti del velivolo, dai motori all'armamento, per arrivare alle dotazioni di bordo che subivano frequenti aggiornamenti in ragione delle tecnologie all'epoca nelle loro prime fasi di sviluppo.
I primi Mosquito a prendere servizio operativo furono quelli della serie PR Mk.I: vennero assegnati, a partire dal 13 luglio 1941, alla No.1 Photographic Reconnaissance Unit (basata a Benson, nell'Oxfordshire), inquadrata nel Coastal Command.
La prima missione, compiuta dal W-4055 su Brest, Bordeaux, La Pallice e ritorno via Parigi, fu emblematica per quello che sarebbe stato l'impiego del nuovo velivolo nei tre anni successivi.
Il Mosquito, infatti, fu inutilmente inseguito da alcuni Bf.109 alla quota di quasi 8.000 metri, obbligando la Luftwaffe a prendere atto della nuova, imparabile minaccia.
Ben presto, i voli da Benson poterono coprire mezza Europa, agevolati per l'autonomia, dai serbatoi supplementari trasportati nella stiva bombe.
L'impiego di questi velivoli confermò ben presto le premesse che avevano condotto alla realizzazione del Mosquito; il 18 settembre un Mosquito in missione di ricognizione nel sud

della Francia, fu costretto a rientrare alla base per il malfunzionamento del generatore elettrico che impedì l'uso delle fotocamere; intercettato durante il volo di ritorno da tre Messerschmitt Bf 109, riuscì agevolmente a lasciarseli in coda.

Per le proprie doti velocistiche e per la lunga autonomia di cui disponevano i PR Mk.I erano in grado di svolgere missioni di ricognizione sul territorio tedesco; addirittura una delle prime missioni fu svolta nei cieli della Polonia.

Mosquito B Mk IV Serie 2, matricola DK338, in volo

I velivoli del No. 54 Squadron, della versione PR Mk.VIII, nel marzo del 1943 furono i primi velivoli della RAF a fotografare Berlino, mentre il 2 giugno del 1943 fu grazie alle fotografie scattate da un altro Mosquito PR. Mk.VIII che vennero individuate le nuove V2 nel sito di Peenemünde, oggetto successivamente del bombardamento divenuto noto come Operazione Hydra.

L'ultima versione da ricognizione del Mosquito fu la PR.34: velivoli di questa serie presero parte alle ultime operazioni contro i giapponesi, nel maggio del 1945 e svolsero l'ultima missione operativa il 15 dicembre del 1955 in Malesia, nel periodo che precedette l'indipendenza del paese asiatico.

Per quanto concerne le operazioni di attacco, il Coastal Command impiegò sia la variante da bombardamento B Mk.IV che velivoli della FB Mk.VI e ottenne la realizzazione della variante FB Mk.XVIII (derivata dalla precedente) che adottava, in sostituzione dei cannoni nella parte anteriore della fusoliera, un singolo cannone Molins calibro 57 mm, ottenuto dall'adattamento del cannone anticarro da sei libbre.

In genere due delle mitragliatrici in dotazione venivano smontate, mentre le altre due venivano impiegate dal pilota per guidare il puntamento del cannone, dotato di soli 25 proiettili.

Questa versione del Mosquito venne soprannominata Tse-Tse.

- Il cannone era utilizzato per l'attacco ai sommergibili quando questi si trovavano nella fase di navigazione in superficie, generalmente in prossimità dei porti; l'individuazione degli U-Boot avveniva con l'aiuto della decrittazione delle comunicazioni.

Condizionato dalla lunga procedura di puntamento, l'avvicinamento al bersaglio rendeva il velivolo piuttosto vulnerabile per cui venne preferito l'impiego di proiettili a razzo nelle rastrelliere alari, non appena questi si resero disponibili per i velivoli della serie FB Mk.VI.

Il primo successo contro i sommergibili venne registrato il 25 marzo del 1944 quando l'U-976 venne affondato nel Golfo di Biscaglia da due Mosquito FB Mk.XVIII.

Complessivamente, alla fine del conflitto, furono otto gli affondamenti di U-Boot attribuiti, anche in concorso con altri velivoli o unità navali, ai Mosquito.

Altre operazioni vennero svolte da un'unità espressamente costituita, il Banff Strike Wing (stanziato sulle coste della Scozia), costituito da sette Squadron, di cui due con equipaggi norvegesi, uno neozelandese e uno fornito dalla Royal Canadian Air Force; questa formazione operò prevalentemente al largo delle coste norvegesi e impiegò aerei della serie FB Mk.VI armati con otto razzi subalari ottenendo buoni risultati contro il naviglio, prevalentemente mercantile, tedesco.

Tra gli ordigni particolari impiegati dai B Mk.IV del Coastal Command vi fu la bomba Highball, sviluppo del concetto già applicato con la Upkeep bomb; sviluppata con l'obiettivo dichiarato di attaccare la corazzata tedesca Tirpitz, fu sperimentata dal No. 618 Squadron ma, seppur ufficialmente operativa dal maggio del 1944, non fu utilizzata in combattimento.

Il reparto, nel successivo mese di ottobre, venne trasferito in Australia, ancora una volta senza che l'arma venisse impiegata.
Il suo sviluppo venne definitivamente abbandonato nel 1947.
Sebbene il progetto fosse nato in risposta alla richiesta per un bombardiere medio, le prime consegne di esemplari da bombardamento, identificati come B Mk.IV, vennero effettuate nel novembre del 1941.
Analogamente ai PR Mk.I da ricognizione avevano muso vetrato, gondole motore di tipo corto, erano privi di armamento difensivo e nella stiva potevano portare fino a 450 kg (1.000 libbre) di bombe.
La produzione degli esemplari successivi, sempre della versione B Mk.IV ma identificati come II^a serie, incorporavano le modifiche alle gondole motore che, allungate, riducevano le turbolenze in coda al velivolo, migliorandone la stabilità; questi esemplari vennero assegnati ai reparti a partire dalla primavera del 1942.
Nel frattempo era stata realizzata una modifica alle alette posteriori delle bombe da 225 kg (500 libbre) che consentì di alloggiarne quattro nella stiva del Mosquito al posto delle precedenti da 112 kg (250 libbre), raddoppiandone così la capacità offensiva.
La prima missione di bombardamento ebbe luogo il 31 maggio del 1942 ed ebbe come obiettivo la città tedesca di Colonia già oggetto, la notte precedente, del primo raid dell'Operazione Millennium.
Dei cinque velivoli che portarono l'attacco uno venne abbattuto, consentendo ai tedeschi di conoscere il nuovo velivolo analizzandone i rottami.
Dopo le prime esperienze il Bomber Command della RAF non poteva dirsi soddisfatto dell'impiego del Mosquito nel ruolo di bombardiere in ragione di risultati inferiori a quelli ottenuti con i bombardieri pesanti e di perdite maggiori; in particolare l'assenza di armamento difensivo

lasciava senza speranza gli equipaggi di fronte agli attacchi che i Focke-Wulf Fw 190 riuscivano a portare guadagnando velocità lanciandosi in picchiata da quote più elevate.

Nel successivo mese di luglio i Mosquito B Mk.IV vennero assegnati alla Pathfinder Force (nota anche con l'acronimo di PFF); in sostanza i velivoli di questa forza, che nel gennaio del 1943 venne ridesignata in "No 8 (Pathfinder Force) Group", erano equipaggiati con sistemi di navigazione, quali l'H2S e l'OBOE, facevano da pionieri alle squadre dei bombardieri pesanti, individuando i bersagli e segnalandoli con il lancio di razzi illuminanti.

Con questo sistema i Mosquito della PFF diedero inizio, nel marzo del 1943, alla battaglia della Ruhr segnalando ai bombardieri la città di Essen.

Nel frattempo gli equipaggi degli Squadron No. 105 e 109 avevano messo a punto una tattica di combattimento che si prestava maggiormente alle caratteristiche del Mosquito, effettuando attacchi di precisione a bassa quota su obiettivi limitati. Il primo tentativo di mettere in pratica questa tattica venne realizzato il 19 settembre del 1942 quando sei B Mk.IV effettuarono un attacco sulla città di Berlino; le avverse condizioni meteorologiche ridussero l'efficacia dell'azione e un solo velivolo portò a termine con successo il bombardamento mentre un altro venne abbattuto.

La settimana successiva, per la precisione il 25 settembre, quattro Mosquito del No. 105 Squadron, decollati dalla base di Leuchars, sulla costa scozzese, attaccarono la sede della Gestapo a Oslo presso la quale era previsto un raduno alla presenza di Vidkun Quisling, presidente dello Stato fantoccio norvegese che collaborava con la Germania nazista.

Pur mancando l'obiettivo principale e malgrado la perdita di un velivolo, il raid venne considerato un successo e diede inizio a una serie di azioni simili realizzate negli anni successivi.

Le classiche missioni di bombardamento non vennero comunque abbandonate definitivamente e, anche ai fini di creare diversivi rispetto agli attacchi portati con i bombardieri pesanti, venne creata la Light Night Striking Force (forza leggera d'attacco notturno, alcune volte indicata anche come Fast Night Striking Force, forza veloce d'attacco notturno) che aveva il compito principale di distrarre le forze di difesa tedesche, provvedendo in alcuni casi a lanci di strisce d'alluminio destinate al disturbo dei radar difensivi.

Le azioni più clamorose furono quelle del Fighter Command, i cui Mk.VI si erano ormai specializzati nel colpire obiettivi «a testa di spillo».

Il 18 febbraio, 19 velivoli degli Squadrons Nos. 21, 465 e 487 attaccavano le prigioni di Amiens sbrecciandone i muri con tale precisione da consentire che ne uscissero incolumi ben 258 uomini della Resistenza francese, ivi imprigionati.

L'11 aprile, furono sei Mk.VI del No. 613 Squadron a centrare gli archivi della Gestapo a l'Aja, ove erano conservati i nomi della Resistenza olandese.

Fu anche un Mosquito da caccia il primo velivolo inglese ad abbattere una V-1 sulla Manica, il 15 giugno.

Entro un mese, il bottino era già di 428 bombe volanti.

L'attività diurna con il Bomber Command, registrò dall'estate 1944 quegli attacchi alle rampe di lancio delle V-1 che dovevano vedere il Mosquito alla testa della graduatoria di rendimento, con una rampa distrutta per ogni 40 tonnellate di bombe sganciate, laddove ce ne volevano 219 per i B-25, 182 per i B-26 e 165 per i B-17.

Di notte, oltre al già collaudato impiego con l'Oboe, si passò alla segnalazione dei bersagli a bassa quota, iniziando su Amburgo (anche se, per l'occasione, si trattava di un Mk.VI del Fighter Command) il 25 aprile.

Per logorare le difese avversarie, non fu poi trascurabile l'impiego d'una cinquantina di «Wooden Wonder»

(meraviglia di legno) per notte, con il compito di volare e disturbare mezza Europa, sganciando saltuariamente qualche bomba.
A tale tattica fu interessata anche l'Italia Settentrionale, a opera dei Mk.XVI del No. 680 Squadron basati a Foggia; l'isolato protagonista di quei voli fu denominato ben presto «Pippo, il ferroviere».

- Infine, il Mosquito bombardiere dimostrò dal Mk.IX in poi (ma anche il Mk.IV fu modificato all'uopo, ove ancora disponibile) di essere in grado di trasportare una bomba da 2.000 kg, la famosa Block-buster, la prima delle quali venne sganciata su Dusseldorf nella notte del 24 febbraio.

Pochi esemplari disarmati del Mk.VI, già sperimentati all'uopo nel corso dell'anno precedente, furono molto attivi con la BOAC soprattutto sulle rotte congiungenti la Gran Bretagna con la Svezia e la Spagna.
Il loro impiego come trasporti diplomatici non si limitò solo a materiale vario, ma anche a persone che venivano chiuse nella stiva bombe, con buone scorte di viveri, ossigeno e giornali.
La notorietà dell'aereo nel 1945, fino al cessare delle ostilità in Europa, fu prevalentemente dovuta alla sua attività di bombardiere.
Nella notte sul 21 febbraio, essi dettero inizio a una serie di attacchi su Berlino, portati da quota altissima, fino a 13.000 metri; ripetendo l'«exploit» per 36 notti consecutive, i velivoli registrarono una sola perdita su 2.000 missioni, vero e proprio record per la RAF. Non bastarono a debellarli gli He.219 della caccia notturna, così come di giorno neppure i Me.262 riuscirono a prevalere su di essi.
Nel ruolo di «pathfinder», i Mosquito non mancarono ad alcuno dei tremendi appuntamenti del Bomber Command sulle città tedesche, da Amburgo a Dresda.

Equipaggiati con il più recente dispositivo di radionavigazione, il Loran, solo essi potevano sfruttarne appieno le possibilità, picchiando repentinamente sull'obiettivo da altissima quota a poche centinaia di metri, per segnalare il bersaglio ai quadrimotori.

La serie delle clamorose azioni diurne di precisione si concluse in bellezza il 21 marzo, con l'attacco del 464° Squadron alla sede della Gestapo di Copenhagen; anche in questa occasione, fu raggiunto lo scopo di distruggere gli archivi con i nomi della Resistenza danese, senza danneggiare uno solo degli edifici circostanti.

- L'ultima bomba britannica su Berlino agonizzante fu sganciata dal «Mossie» MM. 929 nella notte del 21 aprile, quando già i russi erano in vista della capitale.

L'ultima azione del Bomber Command sul suolo tedesco, che fu anche l'ultima della guerra, si svolse il 2 maggio quando 16 Mk .XVI del No. 608 Squadron bombardarono il porto di Kiel, sul cui canale già dal maggio precedente avevano iniziato a sganciare mine.

In quanto al fronte del Pacifico, nelle settimane che lo separavano dal cessare delle ostilità, la maggior notorietà del Mosquito pervenne ancora dalle missioni fotografiche da record; una di esse, durata nove ore, coprì la distanza di 4.100 km alla media di oltre 450 km/h.

E' utile ricordare che per questo particolare settore operativo, caratterizzato da distanze rilevanti, la deHavilland aveva progettato un'estrapolazione del Mosquito di dimensioni ridotte e destinata alla caccia.

Il DH.103, denominato Hornet (calabrone) aveva volato il 28 luglio 1944 ed era già in produzione dalla fine di quell'anno, raggiungendo i primi reparti nel febbraio 1945, ma non tanto in tempo da entrare in azione.

Questo bimotore biposto, anch'esso costruito in legno, salvo talune strutture alari, raggiungeva la velocità di ben 750 km/h e fu, pertanto, a similitudine dell'americano F7F Tigercat, uno dei più veloci aerei a pistoni mai costruiti, anello di congiunzione tra questi e i «jets».

Entro il maggio 1945, avevano volato ancora due versioni del «Wooden Wonder» il Mk.35 da bombardamento e ricognizione e il Mk.36 da caccia notturna e addestramento.

La fine della guerra non comportò, come in altri casi, l'interruzione della loro catena di montaggio, che andò avanti fino alla consegna di quasi 400 macchine.

E non fu tutto.

A somiglianza di pochissimi altri tipi, infatti (lo Spitfire e il Lancaster, anch'essi di spiccate caratteristiche), lo sviluppo del DH.98 Mosquito continuò fino all'ottimizzazione della formula che, basandosi soprattutto sulla sempre maggiore potenza dei motori e sul continuo perfezionamento di certi apparati consentì, ormai nel novembre 1947, che volasse ancora una

versione da caccia notturna, il Mk.38, ultima ad andare in produzione. Quando il suo esemplare VX916 concluse la catena di montaggio, esso era il Mosquito numero 6.439 costruito in Inghilterra e il Mosquito numero 7.781 costruito nel mondo (compresi, cioè, Canada e Australia).
Il servizio con la RAF doveva durare ancora qualche anno.
Il primo a lasciare fu il caccia, sostituito nel 1951 dai Meteor.
Poi fu la volta del bombardiere, tra il 1952 e il 1953, sostituito dai Canberra.
Infine, tocco al ricognitore, allo spirare del 1955; ma ancora al 15 dicembre di quell'anno, in Malesia, era stato il Mk.34 RG-314 a eseguire una sortita contro i guerriglieri nella giungla, per conto del No.81 Squadron.
A partire dal mese di aprile del 1943 comparvero i primi Mosquito B Mk.IV modificati nei portelli del vano bombe, dotati di rigonfiamento che consentiva di trasportare una singola bomba da 1.815 kg (4.000 libbre) High Capacity, nota anche con il nome di "Blockbuster", che, utilizzate nelle missioni LNSF ne aumentavano l'efficacia, facendo perdere a queste missioni la caratteristica di diversivo puro e semplice.
Un uso particolare delle bombe " Blockbuster" fu tentato dai Mosquito B. Mk.XVI del Bomber Command nel corso della offensiva delle Ardenne; con attacchi a bassa quota gli equipaggi tentarono di centrare le imboccature dei tunnel ferroviari; i risultati non furono particolarmente soddisfacenti, ma almeno un tunnel sarebbe stato distrutto utilizzando questa tattica. L'ultima versione del Mosquito destinata al bombardamento fu la B.35, equipaggiata con motori Merlin 114 grazie ai quali poteva raggiungere i 12.800 metri di quota: portata in volo per la prima volta il 12 marzo del 1945 non divenne operativa in tempo per prendere parte alle ultime fasi del conflitto mondiale.
Molti di questi velivoli vennero impiegati nei reparti della RAF dislocati in Germania nel dopoguerra.

L'ultimo reparto a usare la versione da bombardamento fu il 139° Squadron i cui Mosquito vennero sostituiti solo nel 1953 dagli English Electric Canberra, ma alcuni esemplari rimasero in servizio fino ai primi anni sessanta in qualità di trainatori di bersagli.

Già nel corso della fase progettuale, presupponendo il futuro impiego come intercettore, gli ingegneri della de Havilland considerarono la possibilità di installare armi fisse (mitragliatrici e cannoni) a bordo del Mosquito.

La previsione si rivelò azzeccata, tanto che già il secondo prototipo fu realizzato come caccia a lungo raggio e, designato F Mk.II, montava quattro mitragliatrici calibro .303 in all'estremità del cono di prua e quattro cannoni da 20 mm, sempre sul muso, nella parte inferiore della fusoliera.

La concentrazione delle armi in un solo punto richiedeva, da un lato, abilità da parte del pilota in fase di puntamento ma, dall'altro, garantiva un considerevole volume di fuoco che poteva influire positivamente sulla durata del combattimento.

Il primo volo della versione da caccia ebbe luogo il 15 maggio del 1941, ma già nei successivi mesi estivi, in funzione dei raid notturni messi in atto dalla Luftwaffe, si pensò di impiegare il Mosquito come caccia notturno.

Sugli esemplari in costruzione venne, quindi, installato il radar d'intercettazione a onde lunghe AI.IV (acronimo di Airborne Intercept Mk.IV).

Ebbe così origine la versione NF Mk.II, che manteneva il medesimo armamento della versione originale poiché le antenne del radar (una trasmittente che spuntava dal cono di prua e due riceventi, una all'estremità di ciascuna delle semiali) non ne condizionavano il posizionamento.

Consegnati ai reparti tra la fine dell'anno e l'inizio del 1941, gli NF Mk.II divennero operativi nel mese di aprile evidenziando, tuttavia, un paio di problemi che l'urgenza di mettere in servizio i velivoli e la conseguente carenza di test non avevano messo in luce; infatti, la vernice nera opaca con la quale erano stati verniciati (creando un effetto velluto sulla fusoliera) causava una considerevole riduzione della velocità (circa 25 mph, pari a 40 km/h) mentre l'uso delle mitragliatrici comportava il temporaneo abbagliamento del pilota a causa delle fiammate degli spari non adeguatamente schermate.

Nel frattempo la frequenza e la portata dei bombardamenti notturni da parte dei tedeschi era considerevolmente diminuita, per cui l'impiego dei Mosquito fu più rado del previsto; i principali obiettivi rimasero i bombardieri che effettuavano i cosiddetti bombardamenti "Baedeker" (dal nome della nota guida turistica, poiché avevano come principale bersaglio i diversi siti storici o culturali del paese).

Mosquito B Mk XVI inglese

Il primo abbattimento ufficiale a opera di un NF Mk.II venne registrato il 24 giugno, ai danni di un Heinkel He

111, seguito a pochi minuti di distanza da quello di un Dornier Do 217.

Al fine di impedire al nemico di mettere le mani sulle apparecchiature radar installate sui velivoli, ai Mosquito non era inizialmente consentito di entrare negli spazi aerei dei territori occupati dalle truppe tedesche; alcuni esemplari vennero comunque privati dei rispettivi radar e utilizzati per pattugliare i campi di volo prospicienti il canale della Manica alla ricerca di velivoli tedeschi in fase di atterraggio, facilmente individuabili grazie alle luci di atterraggio accese.

Tra gli esperimenti svolti con il Mosquito NF Mk.II, risulta un esemplare dotato di Turbinlite (un proiettore da ricerca) installato sul muso; tale apparecchiatura, sperimentata anche sui Douglas Havoc e sui Vickers Wellington, non si dimostrò efficace e l'esperimento non ebbe seguito.

La comparsa di nuovi, e sempre più precisi, apparati radar portò alla realizzazione di nuove versioni del Mosquito destinate alla caccia notturna (NF Mk.XII, Mk.XIII, Mk.XVII e Mk.XIX), di cui una (Mk.XV) destinata al contrasto dei bombardieri che operavano ad alta quota (pertanto caratterizzata da motori con compressore a doppio stadio e cabina pressurizzata) di cui furono però costruiti solo cinque esemplari in quanto ormai i tedeschi avevano ridotto drasticamente ogni tipo di attacco con i bombardieri.

L'introduzione dei nuovi tipi di radar consentì di usare i caccia notturni anche come mezzo d'attacco e non solo per la difesa.

L'installazione di un radar nel cono di coda (apparato denominato "Monica"), portò gli equipaggi dei Mosquito a studiare anche un particolare trucco che finì con il terrorizzare gli avversari.

Di notte, procedendo a bassa velocità, fingevano l'andatura di un bombardiere pesante e attendevano che un caccia notturno nemico cercasse di intercettarli; una volta stabilito il contatto grazie al radar di coda, il Mosquito invertiva la rotta tramutandosi repentinamente da preda a cacciatore.

L'obiettivo principale dei caccia notturni schierati sul territorio metropolitano divennero le bombe volanti V-1 contro le quali i Mosquito fecero registrare circa 600 abbattimenti.

La minaccia delle V-1, una volta liberate le aree della Francia nelle quali erano situate le basi di lancio, rimase legata ai lanci in volo eseguiti dai bombardieri He 111; anche in questo caso i Mosquito inflissero pesanti perdite al nemico malgrado i rischi cui andavano incontro dovendo operare a velocità relativamente basse per intercettare i bombardieri considerevolmente appesantiti dagli ordigni che dovevano lanciare.

Le versioni NF.30, 36 e 38 furono le ultime realizzate per il ruolo di caccia notturno; furono impiegate anche nel dopoguerra come soluzione ad interim in attesa dell'entrata in servizio dei primi velivoli con propulsione a getto.

La versione NF.38 fu anche l'ultima in assoluto a uscire dalle linee di montaggio del Mosquito, con l'ultimo esemplare completato nel 1950; dotata di radar AI.IX (piuttosto pesante ma privo di particolari vantaggi pratici rispetto ai modelli precedenti) risultava più complicato da pilotare.

Non venne mai adottato dalla RAF e più della metà degli esemplari prodotti venne venduta alla Jugoslavia.

Second Tactical Air Force

Nota anche con l'acronimo "2TAF", formata da reparti da caccia e attacco al suolo delle diverse forze aeree delle nazioni del Commonwealth, fu l'unità che fece il maggior uso, per quanto in via non esclusiva, della versione del Mosquito prodotta nel più elevato numero di esemplari, la FB Mk.VI.

Questa versione vide la luce nell'estate del 1942, sulla scorta dei raid portati a termine sulle coste francesi dai Mosquito NF.II privati, come detto a scopo precauzionale, delle apparecchiature radar; destinata all'impiego alle basse quote, non montò mai i motori Merlin con compressore a doppio stadio. L'entrata in servizio di questi velivoli fu ritardata da un incidente al prototipo; mentre il primo volo sarebbe avvenuto nel luglio del 1942, o il 1° giugno, secondo altre fonti, il primo reparto operativo, il 418° Squadron, afferente al Fighter Command, iniziò le operazioni con il Mosquito solo nel maggio del 1943.

Le operazioni della "2TAF" interessarono prevalentemente gli obiettivi situati nelle città dell'Europa occupate dai tedeschi e le principali vie di comunicazione (in particolare le ferrovie), che venivano attaccate con raid a bassa quota.

- Il 18 febbraio del 1944 una forza di 18 Mosquito attaccò la prigione di Amiens (azione nota come Operazione Jericho) con la finalità di abbatterne i muri permettendo così la fuga dei prigionieri, prevalentemente membri della resistenza francese.

A partire dalla primavera successiva alcuni raid furono indirizzati contro i comandi della Gestapo: l'11 aprile a L'Aia, il 31 ottobre ad Aarhus e il 21 marzo del 1945 a Copenaghen.

Un altro degli obbiettivi dei Mk.VI furono le basi di lancio delle bombe volanti V-1 contro le quali, nel rapporto basi distrutte/esplosivo impiegato, i Mosquito si dimostrarono più efficaci rispetto ai bombardieri statunitensi B-17, B-25 e B-26.

Oltre che nel teatro europeo gli FB Mk.VI vennero impiegati anche contro i giapponesi in Birmania.

Fleet Air Arm

La componente aeronautica della Royal Navy impiegò poco più di un centinaio di Mosquito nel corso della guerra; si trattò di esemplari delle serie FB Mk.VI e T Mk.III che, impiegati in 19 diversi Squadron, operarono da basi sulla terraferma.

Malgrado i numeri riportati, nessun reparto della FAA ebbe occasione di prendere parte attiva ai combattimenti; il primo reparto a divenire operativo fu il No 811 Squadron, a partire dal settembre del 1945.

Per ciò che riguarda l'impiego del Mosquito dalle portaerei, le prime prove ebbero luogo tra il 25 e il marzo del 1944 nelle acque antistanti Belfast; in quell'occasione il Mosquito matricola LR359, appositamente dotato di gancio d'arresto, fu il primo bimotore britannico ad appontare su una portaerei.

L'esito positivo di queste prove portò alla realizzazione di un secondo prototipo e alla definizione della variante TR.33 (le sigle indicano il compito di Torpedo e Reconnaissance, silurante e ricognitore) il cui primo esemplare volò per la prima volta il 10 novembre del 1945. Caratterizzati dall'adozione di eliche quadri pala questi velivoli ebbero anche, a partire dal 24° esemplare della serie, le ali ripiegabili (per favorire lo stoccaggio negli hangar) e il carrello d'atterraggio irrobustito.

Potevano, inoltre, essere dotati di sistemi RATO (Rocket Assisted Take Off) al fine di agevolare le operazioni di decollo dalle portaerei, utilizzati (uno per lato, nella sezione di coda della fusoliera) in particolare in condizioni di pieno carico.

Come detto, venne realizzata una seconda versione "navalizzata", la TR.37, che differiva dalla precedente

quasi esclusivamente per l'impiego di un diverso radar e per la configurazione del radome che lo conteneva.
L'impiego operativo di questi velivoli fu complessivamente piuttosto limitato, 66 esemplari delle due serie; i primi esemplari furono consegnati ai reparti nell'agosto del 1946 e furono radiati l'estate successiva.

Caratteristiche Tecniche

Dimensioni e pesi

Lunghezza: 12,47 metri
Apertura alare: 16,51 metri
Altezza: 4,65 metri
Superficie alare: 42,18 m2
Peso a vuoto: 6.486 Kg
Peso massimo al decollo: 10.015 Kg

Propulsione

Motore: 2 Rolls-Royce Merlin 25, 12 cilindri a V raffreddato a liquido
Potenza: 1.642 hp ciascuno

Prestazioni

Velocità massima: 583 km/h
Velocità di crociera: 523 km/h
Autonomia: 2.655 km
Tangenza: 10.060 metri

Armamento

Mitragliatrici: quattro mitragliatrici calibro 7,70 mm
Cannoni: 4 calibro 20 mm
Bombe: fino a 907 kg (2.000 libbre)

Paesi utilizzatori

Australia

La Royal Australian Air Force assegnò al Mosquito il codice A52. Nei reparti della RAAF vennero impiegate sia macchine di produzione britannica che, a partire dal 1944, esemplari realizzati negli impianti australiani della de Havilland.
I Mosquito australiani operarono sia sul territorio metropolitano (1° Squadron, 87° Squadron, 94° Squadron) che nel teatro europeo (456° Squadron e 464° Squadron).
Affiancati ai reparti della RAF i velivoli australiani parteciparono alle più note vicende che ebbero il Mosquito come protagonista, in particolare il raid sulla prigione di Amiens e il bombardamento del quartier generale della Gestapo a Copenhagen.
Nel dopoguerra alcuni esemplari furono ceduti alla Royal New Zealand Air Force, altri a privati.
Gli ultimi velivoli rimasti in servizio vennero definitivamente radiati all'inizio degli anni cinquanta.

Canada

Complessivamente furono sei gli Squadron della Royal Canadian Air Force equipaggiati con il Mosquito: quattro di questi (i No. 406, 409, 410 e 418) erano destinati alle operazioni di caccia notturna o di attacco al suolo, il No. 400 Squadron a compiti di ricognizione fotografica mentre il No. 404 Squadron era destinato al pattugliamento marittimo (sia contro il naviglio di superficie che contro i sommergibili).
Tra i risultati ottenuti dai reparti canadesi, le fonti reperite riportano l'abbattimento di 92 bombe volanti V1 mentre

non vengono dettagliati successi contro il naviglio nemico da parte dei velivoli del 404° Squadron.

Stati Uniti d'America

Le autorità militari statunitensi fecero conoscenza con il Mosquito quando, nell'aprile del 1941, il generale Henry H. Arnold (all'epoca comandante dell'United States Army Air Forces) venne invitato ad assistere a una prova di volo i cui risultati impressionarono molto favorevolmente l'alto ufficiale.

L'evento non ebbe alcuno sviluppo concreto fino alla fine dell'anno successivo quando un Mosquito della serie B Mk.IV venne portato in volo dal colonnello Elliot Roosevelt, figlio dell'allora presidente degli Stati Uniti d'America Franklin Delano Roosevelt e comandante di uno squadron da ricognizione (all'epoca di stanza in nord-africa ed equipaggiato con i Lockheed F-4).

L'esito della prova indusse il colonnello Roosevelt a fare pressioni affinché il Mosquito venisse adottato anche dall'USAAF. Poiché in quel periodo il Mosquito cominciava a uscire anche dalle linee di montaggio degli stabilimenti della de Havilland in Canada, l'USAAF riuscì ad accordarsi con l'amministrazione del Regno Unito per la fornitura di 120 di questi apparecchi; i ritmi produttivi tuttavia consentirono la consegna di soli 40 esemplari che, sebbene appartenenti originariamente a versioni da bombardamento, vennero convertiti in velivoli da ricognizione fotografica e denominati F-8. Questi aerei, equipaggiati con motori Merlin delle prime serie, non si rivelarono all'altezza delle aspettative, per cui l'USAAF riuscì a farsi assegnare un centinaio di esemplari della versione PR Mk.XVI (unitamente ad alcuni esemplari di T Mk.III per l'addestramento degli equipaggi).

L'USAAF impiegò i propri Mosquito prevalentemente per missioni di fotoricognizione; alcuni esemplari furono destinati alla ricognizione meteorologica mentre altri furono dotati di apparati radio destinati al supporto degli agenti infiltrati nei territori della Francia occupati dai tedeschi.

Particolarità dei Mosquito statunitensi furono i piani di coda interamente dipinti di rosso: tale accorgimento era inteso ad agevolare il riconoscimento dei velivoli che non di rado venivano scambiati (per la loro configurazione somigliante) con i Messerschmitt Me 410.

Altri paesi

Il Mosquito venne impiegato nelle aeronautiche militari di diversi altri paesi, sia durante il corso della seconda guerra mondiale che nell'immediato dopoguerra.
Il Belgio acquistò una trentina di velivoli, la maggior parte dei quali nella versione NF.30 da caccia notturna.
Dopo aver ottenuto l'indipendenza, nel 1948, la Birmania ne impiegò un piccolo numero, non meglio quantificato.

La Cecoslovacchia utilizzò una ventina di Mosquito nell'immediato dopoguerra; i velivoli furono presto rimpiazzati da modelli di origine sovietica.

Due lotti, per complessivi otto apparecchi, furono acquistati dall'aviazione della Repubblica Dominicana; tre di questi erano stati usati in precedenza dalla RCAF. Tutti i velivoli vennero dismessi, a metà degli anni cinquanta, a causa della mancanza di parti di ricambio. La Francia, nel dopoguerra, impiegò circa centocinquanta Mosquito di vario tipo; gli esemplari della versione FB Mk.VI furono impiegati nei combattimenti contro i Viet Minh nel corso della guerra d'Indocina.

Il nascente stato di Israele ottenne in vari modi, anche aggirando l'embargo esistente nei suoi confronti sulla vendita di armi, diversi Mosquito (tra questi una settantina venduti dalla Francia e quattordici dalla Fleet Air Arm); i velivoli furono impiegati con successo nel corso della crisi di Suez.

La Jugoslavia ottenne poco più di cento esemplari nell'immediato dopoguerra.

L'impiego da parte della Nuova Zelanda avvenne, nel corso della guerra, in reparti con le insegne della RAF; nel dopoguerra circa un centinaio di esemplari venne assegnato alla RNZAF presso la quale ebbero un impiego ridotto (molti rimasero a lungo inutilizzati).

Tutti i velivoli superstiti furono radiati nel 1953.

La Svezia acquistò sessanta esemplari della serie NF Mk.XIX che entrarono in servizio con la designazione locale di J 30.

Un singolo Mosquito fu internato in Svizzera nel corso della guerra; il velivolo venne successivamente acquistato e utilizzato come banco di prova volante per la sperimentazione di motori a reazione.

Le forze nazionaliste di Chiang Kai-shek impiegarono, a partire dall'inverno del 1948, circa duecento esemplari; questi furono impiegati in combattimento nel corso della

guerra civile contro le truppe comuniste guidate da Mao Tse-tung.
Gli esemplari sopravvissuti al conflitto, dopo aver raggiunto le basi sull'Isola di Formosa rimasero in servizio con l'aviazione di Taiwan fino ai primi anni cinquanta.
Nel 1947 la Turchia ricevette circa centoquaranta velivoli che rimasero in servizio fino al 1954.

Usi civili

Uno dei compiti più inusuali cui fu destinato il Mosquito, fu quello di trasporto veloce; un esemplare di B Mk.IV e nove FB Mk.VI, con le insegne della British Overseas Airways Corporation furono impiegati in collegamenti verso la Svezia (paese neutrale, durante la seconda guerra mondiale).
I Mosquito vennero destinati a tale compito in ragione della loro velocità, poiché qualsiasi altro velivolo commerciale sarebbe stato facilmente intercettato.
Il vano bombe era utilizzato come stiva e, dotato di ossigeno, luce di lettura, citofono e di un letto di fortuna, poteva anche alloggiare passeggeri.
Generalmente il carico trasportato era costituito da pacchi postali e, nel volo di ritorno, da cuscinetti a sfere (considerati di alto valore per la loro precisione).
Uno dei passeggeri più famosi a volare con il Mosquito fu il fisico danese Niels Bohr, fuggito in Svezia dopo l'invasione nazista del proprio paese.
Nel dopoguerra risulta che diversi Mosquito furono acquistati da compagnie private. In particolare alcuni esemplari vennero impiegati per compiti di aerofotogrammetria; a questi fini diverse macchine furono acquistate dalla statunitense Jack Amman Photographic Engineers (che li impiegò in Libia) e dalla canadese Spartan Air Services.

Alcuni Mosquito furono acquistati con l'intenzione di impiegarli nel corso di competizioni aeronautiche ma trattandosi, in genere, di esemplari motorizzati con Merlin delle prime serie e con l'abitacolo con i vetri piatti, le loro prestazioni non erano all'altezza di quelle della concorrenza.

Versioni

Il Mosquito, in considerazione della varietà di ruoli nel quale venne impiegato, fu sottoposto a revisioni strutturali di dettaglio e a numerose variazioni nella dotazione di bordo oltre che, ovviamente, nell'armamento impiegato.
Le differenze tra le varie versioni erano talvolta minime.
La de Havilland, dato il successo del progetto, passò i disegni alle proprie filiali nel Commonwealth (Canada e Australia) presso le quali vennero realizzate sia "repliche" delle versioni della casa madre, sia evoluzioni autonome del progetto originario.
La lista seguente riporta le diverse varianti costruite, suddivise per ruolo di destinazione e locazione degli impianti produttivi.
In merito alla numerazione delle versioni gli inglesi usarono indicarle usando il sistema di numerazione romano fino alla fine del 1942; nel periodo tra il 1943-1948 le versioni dei velivoli di nuova costruzione furono identificate direttamente mediante il sistema di numerazione arabo mentre nulla mutò per i velivoli già in costruzione.
A partire dal 1948 per la numerazione delle versioni furono utilizzate esclusivamente le cifre in numeri arabi.

- **Versione DH.98**

Quantità: 1
Luogo di produzione: Regno Unito
Ruolo: Prototipo
Caratteristiche: Motori Merlin RM.3SM in gondole corte, apertura alare 16,00 metri.

- **Versione PR Mk.I**

Quantità: 10
Luogo di produzione: Regno Unito
Ruolo: Ricognitore fotografico
Caratteristiche: Apertura alare 16,51 metri; tre macchine fotografiche oblique, motori Merlin XXI da 1.460 hp (1.090 kW) ciascuno. Il prototipo del "Mosquito Photo-Reconnaissance Mark I (PR.I)", con il codice di coda "W4051", ha effettuato il suo volo iniziale il 10 giugno 1941. Nonostante il prototipo originale di Mosquito fosse il W4050, il prototipo PR.I era in realtà il terzo prototipo Mosquito a volare, preceduto dalla versione prototipo "F.II". Il primo prototipo di Mosquito, il W4050, disponeva di un motore Merlin 61 da 695 hp (432 kW) e nel giugno 1942, durante il suo secondo volo in questa configurazione, raggiunse un'altitudine di 12.200 metri (40.000 piedi). Il W4050 fu successivamente dotato di motori Merlin 71 a due stadi con 1.710 hp (1.275 kW) ciascuno e raggiunse una velocità massima di 704 km/h (437 mph), diventando così il Mosquito più veloce di sempre.

- **Versione B Mk.IV (I)**

Quantità: 9
Luogo di produzione: Regno Unito
Ruolo: Bombardiere
Caratteristiche: Esemplari della serie Mk.I convertiti allo standard di bombardieri sulle linee di montaggio; potevano trasportare 907 kg di bombe (2.000 libbre).

- **Versione F Mk.II**

Quantità: 494
Luogo di produzione: Regno Unito
Ruolo: Caccia
Caratteristiche: Armati con 4 mitragliatrici calibro 7,7 nel muso e 4 cannoni calibro 20 mm nelle ali. Il numero di

esemplari realizzati comprende anche i velivoli destinati alla caccia notturna, designati NF.II. La maggior parte degli NF.II era dotata del radar "AI.V", che era generalmente simile al modello AI.IV, ma includeva un display nel pannello della cabina di pilotaggio per il pilota che aiutava l'operatore radar a indirizzarlo verso il bersaglio. Il radar era classificato come top secret e gli NF.II che lo trasportavano non erano autorizzati a sorvolare l'Europa occupata; tuttavia, a partire dalla metà del 1942, circa 25 NF.II rimossero il radar e furono dotati di serbatoi di carburante aggiuntivi per le operazioni notturne. Il radar AI.V aveva, tuttavia, una precisione e una portata limitate, e si dovettero attendere i nuovi radar "centimetrici" "AI.VIII" nell'estate del 1942, che comportarono però l'eliminazione delle quattro mitragliatrici Brownings da 7,7 mm.

- **Versione NF Mk.II**

Quantità: 10
Luogo di produzione: Regno Unito
Ruolo: Caccia notturno
Caratteristiche: Dotati di radar AI.IV o AI.V a onde lunghe; impiegavano soppressori di fiamma negli scarichi. Tra i 57 esemplari costruiti, 25 furono privati del radar e impiegati in missioni d'attacco dal 23° Squadron della RAF. Il numero complessivo di esemplari modificati non è specificato ed è compreso in quello della serie F Mk.II.

- **Versione NF Mk.XII**

Quantità: 98
Luogo di produzione: Regno Unito
Ruolo: Caccia notturno
Caratteristiche: Derivati dalla conversione di 98 esemplari della versione NF Mk.II mediante l'installazione di radar centimetrico AI.VIII, contenuto in un radome (che ricordava le forme di un grande ditale) disposto

all'estremità di prua; non disponevano, pertanto, delle mitragliatrici calibro 7,7 mm.

- **Versione NF Mk.XV**

Quantità: 5
Luogo di produzione: Regno Unito
Ruolo: Caccia notturno
Caratteristiche: Versione da alta quota con cabina pressurizzata, ali modificate, motori Merlin 73 con compressore bi-stadio; il cannone Hispano fu rimosso e sostituito con 4 mitragliatrici calibro 7,7 mm in un contenitore ventrale. Questo armamento era considerato sufficiente per affrontare il Ju 86, che mancava di armamenti, usando l'altezza usata come unica difesa. Conversioni di esemplari della serie NF Mk.II (4 velivoli) e un'altra cellula realizzata per prove di valutazione del sistema di pressurizzazione.

- **Versione NF Mk.XVII**

Quantità: 99
Luogo di produzione: Regno Unito
Ruolo: Caccia notturno
Caratteristiche: Lotto di 99 velivoli della serie NF Mk.II dotati di radar AI.X.

- **Versione T Mk.III**

Quantità: 352
Luogo di produzione: Regno Unito
Ruolo: Addestratore
Caratteristiche: Biposto, motori Merlin 21, 23 o 25; potevano impiegare serbatoi di carburante sganciabili.

- **Versione B Mk.IV (II)**

Quantità: 263
Luogo di produzione: Regno Unito

Ruolo: Bombardiere
Caratteristiche: Prima variante esclusivamente realizzata per il bombardamento con l'estremità di prua vetrata, avevano le gondole più lunghe e gli scarichi avvolgenti per nascondere le fiamme degli scarichi per le operazioni notturne. Successivamente gli scarichi furono modificati per fornire un leggero effetto jet al fine di migliorare le prestazioni del velivolo di circa 16 km/h (10 mph), migliorando il suo vantaggio di velocità rispetto al Focke-Wulf Fw 190. Poteva trasportare 907 kg di bombe e non era dotata di armamento difensivo. Tra gli esemplari di questa serie, 20 furono modificati per adattarli al trasporto delle bombe "Blockbuster" (note anche con il nome di "Cookie") del peso di 1.815 kg, mentre 60 esemplari ricevettero modifiche per il trasporto della bomba antinave "Highball". La prima serie B.IV fu consegnata al Raf Bomber Command Squadron Number 105 il 15 novembre 1941, con Geoffrey de Havilland JR ai comandi, mentre la prima serie B.IV II fu consegnata nel maggio 1942.

- **Versione PR Mk.IV**

Quantità: 29
Luogo di produzione: Regno Unito
Ruolo: Ricognitore fotografico
Caratteristiche: Conversioni dalla serie B.4 (Mk.IV). Aveva una maggiore capacità di carburante, che passava da 2.450 litri a 3.180 litri.

- **Versione PR Mk.VIII**

Quantità: 5
Luogo di produzione: Regno Unito
Ruolo: Ricognitore fotografico
Caratteristiche: Esemplari dalla serie B.4 (Mk.IV) completati come fotoricognitori; dotati di motori Merlin 61 con compressore a doppio stadio.

- **Versione B Mk.V**

Quantità: 1
Luogo di produzione: Regno Unito
Ruolo: Bombardiere
Caratteristiche: Variante da bombardamento che rimase senza seguito produttivo, dopo la realizzazione del prototipo.

- **Versione FB Mk.VI**

Quantità: 2.584
Luogo di produzione: Regno Unito
Ruolo: Cacciabombardiere
Caratteristiche: Velivoli armati con 4 mitragliatrici da 7,7 mm, 4 cannoni da 20 mm, 225 kg di bombe e rastrelliere alari per ulteriori 225 kg di bombe o 8 razzi a combustibile solido da 7,62 cm (27 kg ciascuno). Il FB.VI è stato utilizzato anche nel ruolo di cacciabombardiere contro i giapponesi in Birmania.

- **Versione FB Mk.XVIII**

Quantità: 25
Luogo di produzione: Regno Unito
Ruolo: Cacciabombardiere
Caratteristiche: Versione speciale, ottenuta modificando aerei della serie FB Mk.VI, antinave (soprannominata Mosquito "Tze-Tze") nella quale i cannoni da 20 mm erano sostituiti da un'unica arma Molins calibro 57 mm, dotata di 25 proiettili, oltre a due mitragliatrici da 7,7 mm. È interessante notare che tutte le versioni Mosquito FB utilizzavano motori Merlin a stadio singolo; c'erano, infatti, molte richieste per la produzione di Merlin a due stadi, e, poiché i cacciabombardieri operavano quasi sempre a bassa quota, non avevano bisogno di migliorare le prestazioni in quota.

- **Versione FB.21**

Quantità: 6
Luogo di produzione: Canada
Ruolo: Cacciabombardiere
Caratteristiche: Esemplari di costruzione canadese, corrispondenti alla versione FB Mk.VI; motorizzati con motori Packard Merlin 33.

- **Versione T.22**

Quantità: 6
Luogo di produzione: Canada
Ruolo: Addestratore
Caratteristiche: Variante da addestramento, analoga alla T.III, derivata dalla FB.21; motori Packard Merlin 33.

- **Versione FB.40**

Quantità: 203
Luogo di produzione: Australia
Ruolo: Cacciabombardiere
Caratteristiche: Esemplari di costruzione australiana, corrispondenti alla versione FB Mk.VI; motorizzati con motori Merlin 31 o 33.

- **Versione PR.40**

Quantità: 6
Luogo di produzione: Australia
Ruolo: Ricognitore fotografico
Caratteristiche: Realizzazione in configurazione ricognitore di esemplari della versione FB.40.

- **Versione PR.41**

Quantità 6
Luogo di produzione: Australia
Ruolo: Ricognitore fotografico

Caratteristiche: Conversione di esemplari della versione FB.40.

- **Versione FB.42**

Quantità: 1
Luogo di produzione: Australia
Ruolo: Cacciabombardiere
Caratteristiche: Un esemplare, convertito dalla serie FB.40 dotato di motori Merlin 69; non ebbe seguito produttivo e venne utilizzato come prototipo per la versione PR.41.

- **Versione T.43**

Quantità: 22
Luogo di produzione: Australia
Ruolo: Addestratore
Caratteristiche: Lotto di 22 velivoli, convertiti come addestratori biposto dalla serie FB.40.

- **Versione B Mk.VII**

Quantità: 25
Luogo di produzione: Canada
Ruolo: Bombardiere
Caratteristiche: Versione realizzata in Canada, analoga alla Mk.IV; dotata di motori Packard-Merlin 31.

- **Versione B Mk.IX**

Quantità: 54
Luogo di produzione: Regno Unito
Ruolo: Bombardiere
Caratteristiche: Serie di velivoli dotati di motore Merlin con compressore a doppio stadio; alcuni furono modificati per il trasporto delle "Blockbuster".

- **Versione PR Mk.IX**

Quantità: 90

Luogo di produzione: Regno Unito
Ruolo: Ricognitore fotografico
Caratteristiche: Versione con nuovi motori Merlin 72 con compressore a doppio stadio da 1.680 hp (1.255 kW). Il PR.IX era anche dotato di una nuova ala "universale" che consentiva il trasporto di serbatoi supplementari da 227 litri (50 galloni) o da 454 litri (100 galloni)), o, ancora, una bomba da 225 kg (500 libbre), sotto ogni ala. I grandi serbatoi alari aiutarono significativamente ad allungare l'autonomia fino a un massimo di 3.945 chilometri (2.450 miglia).
Otto PR.IX furono equipaggiati con motori Merlin 76/77 potenziati con eliche a quattro pale Hamilton, standard americane, che migliorarono le prestazioni in quota, a scapito, però, delle prestazioni a bassa quota.

- **Versione NF Mk.XIII**

Quantità: 260
Luogo di produzione: Regno Unito
Ruolo: Caccia notturno
Caratteristiche: Esemplari di nuova produzione, dotati delle stesse apparecchiature dei NF.XII con le ali della versione FB Mk.VI; prevedevano la possibilità di serbatoi di carburante esterni e sganciabili.

- **Versione PR Mk.XVI**

Quantità: 432
Luogo di produzione: Regno Unito
Ruolo: Ricognitore fotografico
Caratteristiche: Versione con cabina pressurizzata e motori Merlin 72/73 o 76/77.

- **Versione B Mk.XVI**

Quantità: 402
Luogo di produzione: Regno Unito
Ruolo: Bombardiere

Caratteristiche: Versione da bombardamento ad alta quota con cabina pressurizzata (simile alla PR.16); in genere venivano impiegati per l'utilizzo delle "Blockbuster".

- **Versione PR.32**

Quantità: 5
Luogo di produzione: Regno Unito
Ruolo: Ricognitore fotografico
Caratteristiche: Basata sulla variante PR.16 e ali derivate da quelle della NF.XV; cabina pressurizzata e motori Merlin 113/114.

- **Versione TT.39**

Quantità: 106
Luogo di produzione: Regno Unito
Ruolo: Trainatore di bersagli
Caratteristiche: Variante realizzata convertendo 106 esemplari delle serie B e PR Mk.16. Il bersaglio trainato e il verricello di traino erano disposti nella stiva bombe; era prevista una postazione dorsale per l'addetto al verricello e una per un cineoperatore all'estremità di prua. Impiegava eliche modificate, in ragione delle modifiche all'estremità di prua.

- **Versione NF Mk.XIX**

Quantità: 280
Luogo di produzione: Regno Unito
Ruolo: Caccia notturno
Caratteristiche: Esemplari di nuova costruzione, dalle caratteristiche equivalenti alla versione NF Mk.XVII; alloggiavano un radome in grado di ospitare sia il radar AI.VIII che l'AI.X.

- **Versione B Mk.XX**

Quantità: 245

Luogo di produzione: Canada
Ruolo: Bombardiere
Caratteristiche: Versione da bombardamento corrispondente alla Mk.IV-II; montava motori Merlin 31 oppure 33.

- **Versione B.25**

Quantità: 343
Luogo di produzione: Canada
Ruolo: Bombardiere
Caratteristiche: Sviluppo della versione Mk.XX, impiegava motori Packard Merlin 225 con compressore bi-stadio.

- **Versione FB.26**

Quantità: 337
Luogo di produzione: Canada
Ruolo: Cacciabombardiere
Caratteristiche: Sviluppo della versione FB.21, dotata di motori Merlin 225.

- **Versione T.29**

Quantità: 37
Luogo di produzione: Canada
Ruolo: Addestratore
Caratteristiche: Conversione in addestratori biposto di esemplari della versione FB.26.

- **Versione T.27**

Quantità: 43
Luogo di produzione: Canada
Ruolo: Addestratore
Caratteristiche: Nuova versione da addestramento realizzata in Canada, dotata di motori Merlin 225.

- **Versione NF.30**

Quantità: 526
Luogo di produzione: Regno Unito
Ruolo: Caccia notturno
Caratteristiche: Dotati di radar AI.X e motori Merlin 72 o 76.

- **Versione PR.34**

Quantità: 181
Luogo di produzione: Regno Unito
Ruolo: Ricognitore Fotografico
Caratteristiche: Variante a lunghissimo raggio dotata di stiva bombe con porte sagomate, per alloggiare serbatoi supplementari; motori Merlin 114 o 114a. Il PR.34 era destinato al servizio in Estremo Oriente e fu utilizzato prima della fine della guerra nel Pacifico nell'agosto del 1945. Era la versione più pesante di tutte, con un peso massimo al decollo del 35% superiore a quello che era stato previsto quando il prototipo W4050 prese il volo.

- **Versione: B.35**

Quantità: 265
Luogo di produzione: Regno Unito
Ruolo: Bombardiere
Caratteristiche: Ultima variante destinata al bombardamento; incorporava modifiche alla sagoma delle porte della stiva bombe e impiegava motori Merlin 114 da 1.710 hp (1.275kW). Il primo volo del prototipo B.35 fu effettuato il 12 marzo 1945, anche se non raggiunsero il servizio operativo della RAF fino al 1948.

- **Versione TT.35**

Quantità: 26
Luogo di produzione: Regno Unito
Ruolo: Trainatore di bersagli

Caratteristiche: Destinati all'addestramento dell'artiglieria contraerea, alloggiavano il bersaglio nel vano bombe; il rilascio avveniva tramite un verricello ventrale. Ne furono realizzati 26 esemplari, convertendo velivoli della versione B.35.

- **Versione TF/TR.33**

Quantità: 52
Luogo di produzione: Regno Unito
Ruolo: Multiruolo
Caratteristiche: Versione navalizzata dotata di ali ripiegabili e gancio d'arresto, eliche quadripala e sistema per il decollo RATO (Rocket Assisted Take Off). Impiegava radar ASH di produzione statunitense, era armato con 4 cannoni calibro 20 mm e poteva trasportare due bombe da 225 chilogrammi (500 libbre) o un singolo siluro di 46 centimetri (18 pollici) appeso sotto la fusoliera, mentre diverse configurazioni di serbatoi esterni, razzi o bombe potevano essere trasportate sotto l'ala. Con due serbatoi esterni da 227 litri (60 galloni), il TR.33 aveva un'autonomia di 2.415 chilometri (1.500 miglia). Potevano, quindi, essere utilizzati come ricognitori, siluranti o cacciabombardieri. Due prototipi furono realizzati mediante conversione di esemplari della serie FB Mk.VI mentre 50 furono le cellule di nuova produzione.

- **Versione PR.35**

Quantità: 10
Luogo di produzione:– Regno Unito
Ruolo:– Ricognitore Fotografico
Caratteristiche: Conversione di esemplari della versione B.35.

- **Versione NF.36**

Quantità: 163
Luogo di produzione: Regno Unito

Ruolo: Caccia notturno
Caratteristiche: Dotati di radar AI.X e motori Merlin con compressore bi-stadio 113/113a o 114/114a.

- **Versione TF.37**

Quantità: 14
Luogo di produzione: Regno Unito
Ruolo: Multiruolo
Caratteristiche: Versione analoga alla TF.33, impiegava radar ASV.XIII e motori Merlin 25.

- **Versione NF.38**

Quantità: 101
Luogo di produzione: Regno Unito
Ruolo: Caccia notturno
Caratteristiche: Dotati di radar AI.IX e motori Merlin 114.

de Havilland DH.103 Hornet

Il de Havilland DH.103 Hornet era un bimotore a pistoni da caccia prodotto dall'azienda britannica de Havilland come evoluzione del precedente DH.98 Mosquito; l'Hornet conservava la particolare tecnica costruttiva del suo predecessore, una struttura completamente in legno, e fu l'ultimo velivolo con motore a pistoni progettato per l'uso militare costruito dall'azienda britannica. Entrato in servizio alla fine della seconda guerra mondiale, equipaggiò le unità da caccia diurne del RAF e successivamente fu utilizzato con successo come caccia intercettore nella Malesia britannica.

Dall'Hornet fu sviluppata una versione imbarcata denominata Sea Hornet, destinata alle portaerei della Royal Navy

Il DH.103 Hornet fu progettato su iniziativa privata per proporre un velivolo da combattimento adatto al teatro asiatico della guerra del Pacifico durante le fasi finali della seconda guerra mondiale. A confermare l'interessamento da parte del governo per un simile aereo, nel 1943 l'Air Ministry britannico emise espressamente la specifica F.12/43 per la fornitura di un caccia a lungo raggio.

Il primo prototipo eseguì il suo primo volo il 28 luglio 1944, con Geoffrey de Havilland JR ai comandi.

La produzione iniziò nello stabilimento di Hatfield della de Havilland alla fine del 1944, con i primi aerei "Hornet F.1" consegnati alla RAF per la valutazione pre-servizio il 28 febbraio 1945.

Quattro versioni furono prodotte per la RAF:
- Hornet F.1, caccia monoposto a medio raggio con quattro cannoni da 20 mm e predisposizione per il trasporto di due bombe da 454 kg (1.000 libbre) o due serbatoi supplementari da 455 litri posizionati

sotto le ali. Ne furono costruiti un totale di 60 esemplari.
- Hornet PR.2, velivoli da ricognizione fotografica a lungo raggio, con tre prototipi convertiti da F.1 e cinque aerei di nuova costruzione. Versione non armata.
- Hornet F.3, caccia monoposto a lungo raggio con l'aumento della capacità di rifornimento di carburante del PR.2. Ne furono costruiti un totale di 121 esemplari, oltre a 11 unità modificate in FR.4.
- Hornet FR.4, versione da foto ricognizione con una fotocamera F.52 montata verticalmente nella fusoliera posteriore. 11 esemplari furono convertiti da F.3 e 12 furono di nuova costruzione.

La fusoliera era costruita in legno nello stesso modo della zanzara, ma l'ala a flusso laminare a due pezzi era di costruzione mista, con una struttura interna in legno e metallo, una superficie inferiore di Alcad rinforzata e uno strato superiore di betulla. Il de Havilland Hornet è stato il primo aereo a presentare la costruzione "wood bonded to metal", utilizzando il nuovo adesivo "Redux".

Le prestazioni erano di tutto rispetto, con una velocità massima di 780 km/h (485 mph) e una velocità di salita di 1.370 metri (4.500 piedi) al minuto.

Era alimentato da due Rolls-Royce Merlin che, a differenza dei Merlin montati sul Mosquito, venivano consegnati con un "Merlin 130" su un lato e un "Merlin 131" sull'altro, entrambi con 2.030 hp (1.515 kW) e dotati di eliche a passo variabile a quattro pale Hydromatic ed era armato con quattro cannoni Hispano da 20 millimetri.

Il secondo prototipo e gli aeromobili di produzione sono stati equipaggiati per depositi sottomarini, tra cui due serbatoi a caduta da 909 litri (200 galloni imperiali / 240 galloni USA); o due bombe da 450 chilogrammi (1.000

libbre); o otto RP; o due bombe da 225 chilogrammi (500 libbre) e quattro RP. Poiché gli aerei di serie erano dotati di kit operativo, erano più pesanti e più lenti dei prototipi, ma non di molto, con una velocità massima di 760 KPH (472 MPH).

Alla fine del 1944, con le specifiche "N5/44", tre Hornet F.1 furono modificati secondo gli standard navali; il primo prototipo di Sea Hornet volò il 19 aprile 1945.

Conservava i quattro cannoni Hispano da 20 e raggiunse il servizio ufficiale nel giugno del 1947 con lo Squarron 801. Ne sono state costruite tre versioni per un totale di 79 unità:

- Sea Hornet F.20 velivoli da combattimento e da ricognizione monoposto di medio raggio, in grado di trasportare otto razzi da 27 kg, bombe e mine. Fu prodotto in 79 esemplari.
- Sea Hornet NF.21 aereo notturno da caccia e ricognizione, motorizzato con i Rolls-Royce Merlin 130/131 e prodotto in 72 esemplari.
- Sea Hornet PR.22 velivolo da foto ricognizione prodotto in 23 esemplari.

Caratteristiche Tecniche

Dimensioni e pesi

Lunghezza: 11,80 metri
Apertura alare: 13,72 metri
Altezza: 4,30 metri
Superficie alare: 33,54 m^2
Peso carico: 8.886 Kg
Peso massimo al decollo: 9.480 Kg

Propulsione

Motore: 2 Rolls-Royce Merlin 25, 12 cilindri a V raffreddato a liquido 130/131
Potenza: 2.080 hp (1.551kW) ciascuno

Prestazioni

Velocità massima: 760 km/h
Velocità di salita: 20,3 metri al secondo
Autonomia: 4.828 km
Tangenza: 10.668 metri

Armamento

Mitragliatrici: quattro cannoni Hispano Mk.V da 20 mm nel muso
Bombe: due da 454 kg (1.000 libbre) sotto le ali
Missili: 8 razzi RP-3 non guidati da 27 kg (60 libbre)

www.ingramcontent.com/pod-product-compliance
Lightning Source LLC
Chambersburg PA
CBHW071312060426
42444CB00034B/2036